TABLEAUX

DE LA

LOCOMOTION SUR LES CHEMINS DE FER.

ÉPREUVE A EXAMINER.

PARIS. — IMPRIMERIE ET FONDERIE DE FAIN,
RUE RACINE, Nº. 4, PLACE DE L'ODÉON.

TABLEAUX

DE LA LOCOMOTION

SUR LES CHEMINS DE FER,

INDIQUANT,

POUR UNE POSITION MOYENNE DE LA FRANCE,

LES FRAIS DE TRACTION

CALCULÉS DANS TOUTES LES HYPOTHÈSES
DE FORCES MOTRICES, DE VITESSES, DE PENTES DES CHEMINS,
ET DE RÉSISTANCE DES FROTTEMENS,

JUSQU'A LA PENTE DE 50 MILLIMÈTRES PAR MÈTRE,

PRÉCÉDÉS

D'une Notice explicative sur la formation de ces tableaux, et des diverses applications desdit tableaux
et des principes de leur rédaction aux questions les plus importantes qui peuvent
encore être agitées concernant l'établissement des chemins de fer,

ET PARTICULIÈREMENT

DE LA GRANDE LIGNE DE MARSEILLE AU HAVRE.

PAR M. ARNOLLET,

Ingénieur en chef des ponts et chaussées, chargé du détail des études du projet de chemin de fer sur la ligne de
Paris à Lyon, et antérieurement auteur d'un avant-projet général pour la ligne du Havre à Marseille.

A PARIS,

CHEZ CARILIAN-GOEURY, LIBRAIRE

DES CORPS ROYAUX DES PONTS ET CHAUSSÉES ET DES MINES.

Quai des Augustins, N°. 41.

MDCCCXXXV.

AVANT-PROPOS.

On s'occupe déjà depuis long-temps en France de la question des chemins de fer, et cependant on pourrait dire que cette question y est encore presque neuve; car, par exemple, si un capitaliste ayant quelques dispositions à employer ses fonds dans ce genre de spéculation veut se demander quels pourront être les frais de traction sur un chemin dont on lui présente le projet, et quelle probabilité de succès offrira l'entreprise, ou connaître jusqu'à quel point, lors de la mise en concurrence, il pourra être prudent de descendre sa soumission; s'il veut savoir de plus quelle vitesse sera la plus avantageuse, d'après les dispositions des lieux, pour exécuter les transports des voyageurs ou des marchandises, connaître jusqu'à quel point on pourra redouter la concurrence des systèmes de communication établis ou projetés; ou se former une opinion sur le choix des moteurs qu'il convient d'employer, on sur le choix qui serait à faire entre deux variantes d'un projet présenté avec différentes pentes, pour franchir une position donnée; sur la convenance de contourner, de franchir, ou de percer un contrefort qui se présente dans la direction du tracé, etc. etc., il aura beau consulter les nombreux volumes qui ont été écrits sur les chemins de fer, l'obscurité naîtra de leur abondance même; il trouvera de nombreuses opinions, très-fréquemment contradictoires, qui ne laisseront dans son esprit que des notions très-vagues, et la prudence lui conseillera de se tenir en garde contre les annonces des projets qui lui seront présentés, n'ayant pas de moyens suffisans d'apprecier leurs évaluations. On peut être convaincu que ce défaut de notions précises est le plus grand obstacle qui s'oppose à la formation des compagnies pour des projets qui, dans certaines positions, seraient cependant de nature à procurer de grands avantages aux actionnaires qui les exécuteraient, et aux pays dans lesquels on établirait ce nouveau genre de communication; mais plusieurs tentatives de ce genre n'ayant eu qu'un faible succès, et la cause du mauvais résultat n'étant pas d'abord aperçue, on redoute de s'engager dans des entreprises aventureuses, ou du moins

on ne veut le faire qu'en obtenant des concessions de tarifs tellement élevés qu'ils détruisent tout l'avantage réel que l'on doit espérer de ces chemins, ou du moins ne laissent pas à ces avantages une importance suffisante pour faire compensation avec le mal qui résulte nécessairement
d'une énorme perturbation dans toutes les industries qui sont maintenant
fondées sur les transports de voyageurs ou de marchandises.

Dans un tel état de choses j'ai pensé qu'un travail qui ferait connaître à la
simple vue la valeur exacte des frais de traction sur les chemins de fer, dans
toutes les hypothèses admissibles de pentes du chemins de vitesse du
transport, de résistance du frottement et de genre de moteurs employés,
serait d'une utilité générale; il m'a paru qu'outre les renseignemens qu'il
fournirait aux capitalistes et qui pourraient les déterminer à prendre part
aux entreprises des chemins de fer, il serait utile aux ingénieurs qui peuvent avoir à s'occuper du tracés de ces chemins, en leur donnant tout calculés des résultats dont la recherche eût exigé de leur part l'emploi d'un
temps considérable; qu'il serait aussi de quelqu'utilité à l'administration, à
laquelle il fournirait les moyens de comparer facilement entre eux des projets qui lui seraient soumis; qu'il pourrait la guider dans la détermination des limites qu'il convient d'adopter pour les tarifs dont la loi doit
sanctionner l'existence, et dans l'examen de cette question, s'il ne convient pas d'établir des tarifs variés, en raison des vitesses de transport,
afin de laisser moins d'arbitraire dans le monopole que l'on accorderait
aux compagnies; que ce travail pourrait aussi éclairer le gouvernement
et la chambre législative sur l'effet que l'on doit attendre des grandes
lignes de communication projetées, et sur les chances que l'état pourrait
courir, dans le cas où il lui serait demandé de garantir un intérêt quel-
conque aux actionnaires qui fourniraient les fonds.

Il m'a semblé, en un mot, que ce travail tendrait à écarter beaucoup
d'obstacles qui s'opposent encore en ce moment à l'établissement des chemins de fer; c'est dans ce but que je l'ai entrepris, heureux si je puis porter une faible lueur sur une route encore si obscure.

Il eût été à désirer de pouvoir s'appuyer sur les renseignemens authen-
tiques que l'on attend d'une commission nommée à cet effet par M. le
Directeur général; malheureusement les expériences ordonnées ont été

entravées par des obstacles imprévus ; mais j'établis mes calculs sur des faits qui sont de notoriété publique, et dont je démontre la concordance avec les principes théoriques : une seule chose est encore en ce moment indéterminée, c'est l'effet de la résistance qui provient des frottemens de diverse nature que les waggons éprouvent dans leur mouvement, effet qui est avec le poids total de ces waggons dans un rapport que je désigne au tableau sous le nom de coefficient des frottemens. Cet effet, dis-je, n'est pas encore connu d'une manière bien positive, et dépend en partie du système des waggons, pour lesquels il a été proposé des améliorations importantes ; mais on peut ajouter que ce sera toujours une quantité variable, selon la vitesse des transports, selon l'état du chemin, plus ou moins bien entretenu, et selon les courbes qui y existeront ; et qu'il est bon, dès lors, que les calculs puissent s'appliquer à différentes valeurs de ce coefficient.

Les expériences faites, en divers temps et en divers lieux, sur les waggons du système qui a été le plus généralement employé jusqu'à cette époque, ont présenté cette résistance variant entre 4 et 6 millièmes du poids total, et l'on peut, sans crainte d'erreur sensible, adopter le terme moyen, 5 millièmes, pour l'hypothèse des waggons ordinaires. On espère que ce nombre pourra se réduire à 2 12 et même 2 par les modifications proposées.

Le tableau que je présente ici comprend dans son étendue toutes les hypothèses admissibles pour la valeur du coefficient, qui se trouve réuni dans un même nombre avec l'indication de la pente ; il suffit donc d'ajouter à la pente donnée d'un chemin sur lequel on voudra connaître les frais de traction, le nombre que l'on aura adopté pour le coefficient, et, sur la ligne qui contiendra cette somme, on trouvera les frais de traction calculés pour toute les vitesses, lieue par lieue, depuis une lieue à l'heure jusqu'à huit, qui est la vitesse ordinaires pour le transport des voyageurs sur le chemin de Liverpool à Manchester.

J'ai établi mes calculs, soit pour le cas où l'on voudra se servir de chevaux, soit pour l'emploi des machines locomotives ; j'admets pour maximum de la vitesse du cheval celle de 4 lieues à l'heure, qui est celle de toutes les messageries anglaises.

Pour ce qui concerne les prix, soit de la journée du travail du cheval, selon la vitesse qui lui est demandée, soit de l'heure de travail de la machine locomotive, également variés selon la vitesse, on peut considérer les bases que j'ai adoptées comme étant, pour un point moyen de la France, un maximum qui ne peut tendre qu'à diminuer beaucoup, et regarder en général comme étant le plus hauts possible tous les frais de traction indiqués dans le tableau que je présente; j'aurais pu me baser sur des documens très appréciés pour indiquer les frais beaucoup plus faibles, j'ai préféré tomber dans un excès contraire. Je ne joindrai à ce tableau qu'une exposition très-succincte de la manière dont il a été formé, j'y ajouterai quelques détails sur la machine locomotive que j'ai prise pour base des calculs, et sur la nécessité d'avoir des machines spécialement disposées pour produire leur plus grand effet d'après l'état des lieux où l'on doit les employer, et la vitesse que l'on désire.

J'y ajouterai aussi quelques applications de l'usage de ce tableau, savoir :

1° Pour évaluer les frais de transport sur un chemin avec des hypothèses données, en y réunissant les autres dépenses qni doivent également ment concourir pour la détermination des tarifs.

2° Pour déterminer la pente qu'il est le plus avantageux d'employer, lorsque l'on doit franchir des hauteurs qui sont déterminées, pentes que l'on désigne sous le nom de pentes normales.

3° Pour établir la comparaison de deux tracés d'un chemin à exécuter entre deux points d'une même vallée, l'un suivant, la sinuosité de cette vallée par une ligne de pente uniforme, l'autre suivant une ligne plus courte, en admettant des contrepentes.

4° Pour établir la comparaison entre les frais de transport des marchandises et de voyageurs, par le moyen des chemins de fer et par la voie de navigation.

5° Pour l'examen des causes de non succès de quelques entreprises connues.

6° Je terminerai enfin par quelques considérations générales sur l'établissement de la grande ligne de communication projetée entre les villes du Havre et de Marseille.

TABLEAUX

DE LA

LOCOMOTION SUR LES CHEMINS DE FER.

FORMATION DU TABLEAU DE LOCOMOTION.

Soient

f la force d'un moteur, ou l'effort de traction que l'on suppose fait par ce moteur, sans considérer la vitesse dont il peut être animé ;

m le poids de ce moteur, y compris le char de service pour la machine locomotive ;

c le coefficient des frottemens, ou le rapport qui existe entre les résistances qu'un waggon éprouve dans ses mouvemens par l'effet des frottemens des deux genres, et le poids total de ce même waggon et de sa charge, rapport que l'on suppose exprimé en millièmes de l'unité ;

s le sinus de l'inclinaison des rails d'un chemin de fer, également exprimé en millièmes de l'unité ;

p le poids d'un convoi qui doit être traîné par le moteur.

N'y ayant, sur des plans d'une inclinaison aussi faible que celle qui peut être admise pour des chemins de fer, où le service doit être fait par des machines locomotives ou des chevaux, qu'une différence inappréciable entre leur longueur et leur base, de sorte que l'on peut toujours considérer le co-sinus de l'inclinaison comme étant égal à l'unité, le rapport entre la puissance qui tend à faire marcher un convoi sur un chemin de fer, et les résistances que le moteur éprouve, tant par l'effet du frottement sur les axes et du développement des roues sur les rails, que par celui de l'inclinaison de ces rails, peut s'exprimer par l'équation ;

$$F = (p+m) \times (c+s), \text{ ou } (p+m) = \frac{F}{(c+s)}$$

et comme les nombres c et s représentent des millièmes d'unité, en les considérant comme nombres entiers dans le calcul, on aura pour quotient des nombres mille fois plus grands, c'est-à-dire qui exprimeront des tonnes, tandis que les forces de traction F seront exprimées en kilogrammes.

C'est par le moyen de cette formule qu'on a calculé toutes les colonnes du tableau qui indiquent le poids total traîné par chaque moteur, selon la force qui lui est assignée.

Pour avoir le poids net, c'est-à-dire la quantité réelle des marchandises transportées, on a, dans le cas de l'emploi d'une machine locomotive, déduit d'abord le poids de la machine et de son char de service, que l'on suppose ensemble de douze tonnes, ce qui a formé la colonne qui vient après le poids total, et l'on a pris les deux tiers de ces nombres pour avoir ceux qui sont inscrits dans la colonne des poids nets, supposant que chaque waggon portera le double de son propre poids.

Relativement à l'emploi des chevaux, on n'a pas fait déduction de leur poids, parce que les observations faites sur la force de ces animaux, l'ont été dans les circonstances du mouvement ; et que le cheval alors soulève à chaque moment son poids, surtout lorsqu'il va au trot, et que d'ailleurs sur les faibles inclinaisons, qui seules peuvent être admises pour les chemins de fer, l'effort fait par le cheval pour se monter lui-même sur le plan incliné est peu de chose en comparaison de celui qu'il fait pour traîner le char auquel il est attelé.

Si cependant on voulait y avoir égard, ce ne serait pas sur le poids traîné qu'il faudrait faire déduction de celui du cheval, puisque ce poids n'est pas sur les waggons ; ce serait la force elle-même qu'il faudrait faire varier, par rapport au convoi tiré, et il en résulterait des calculs qui ne peuvent pas figurer dans le tableau. Il faudrait d'ailleurs connaître exactement en quoi l'effort que fait le cheval pour se soulever lui-même, diminue celui qu'il peut faire dans le sens horizontal, et nous n'avons pas à cet égard des expériences assez précises. Mais, nous le répétons, les réductions qui pourraient en résulter dans le produit seraient inappréciables pour les faibles inclinaisons.

Connaissant le poids des marchandises traînées par le moteur, pour en déduire les frais de traction on a cherché les nombres qui sont dans la colonne intermédiaire, et qui expriment l'effet utile de la force employée en nombres de tonnes transportées à un kilomètre de distance, soit par la journée du travail du cheval, soit par l'heure du travail de la machine locomotive; pour cela faire, lorsqu'il s'est agi de chevaux, on a multiplié le nombre d'heures du travail de chaque jour par le nombre des kilomètres parcourus pendant une heure, ce qui a donné l'espace total parcouru dans la journée, et l'on a multiplié ce nombre successivement par tous ceux qui indiquent en poids nets les nombres de tonnes que le cheval peut traîner, dans chaque hypothèse du tableau, ce qui donne l'effet utile demandé, puisque s'il traîne dix tonnes en parcourant vingt kilomètres, il fait évidemment le même travail qu'en transportant vingt fois dix tonnes, ou deux cents tonnes, à la distance d'un kilomètre.

Lorsqu'il s'est agi de la machine lomocotive, on a multiplié par 4 les nombres de lieues indiquées par heure, pour la vitesse, ce qui a donné en kilomètres les espaces parcourus en une heure, et l'on a, comme ci-dessus, multiplié ces espaces par les nombres indiqués dans les colonnes du poids net, ce qui a donné l'effet utile en une heure.

Pour déterminer les frais de traction d'après la connaissance de l'effet utile, on a divisé les prix de la journée du cheval, ou de l'heure de travail de la machine lomocotive par les nombres de tonnes transportées à 1 kilomètre, soit dans la journée, soit dans l'heure.

La recherche de ces frais de traction étant le but principal de ce travail, on aurait pu les donner seuls, comme ils le sont dans la 6me. partie du tableau ; mais on a voulu y joindre les élémens qui ont servi à leurs calculs, afin que chacun eût la faculté d'en vérifier l'exactitude ; ces élémens eux-mêmes offrent d'ailleurs de l'intérêt, notamment les colonnes qui indiquent les poids des convois qui pourront être traînés dans chaque cas. On a présenté les calculs en variant les valeurs de $(c+s,)$ d'abord par demi millième, jusqu'à 10, qui représente une pente 0,005, en supposant le coefficient $C=5$, et cette pente de 0,005 sera rarement dépassée dans le tracé des chemins de fer.

Pour les pentes supérieures, on a continué le tableau de 2 en 2 millièmes jusqu'à 54, qui est le cas d'une inclinaison d'environ 5 centimètres par mètre; c'est la limite à laquelle les machines locomotives ne peuvent plus rien traîner au-delà de leur char de service, et on ne les emploiera jamais que sur des pentes bien inférieures. On n'a indiqué au tableau les résultats du calcul pour ces pentes que pour montrer l'ensemble de la loi du décroissement de l'effet des différens moteurs.

Pour les fortes pentes, qui prennent alors le nom de plans inclinés, on peut employer des chevaux ou des machines fixes. La première colonne des tableaux relatifs aux chevaux fait connaître le nombre de ces animaux qui serait nécessaire pour traîner sur les pentes les convois supposés de 50 tonnes; mais pour passer de là à la connaissance des forces nécessaires à une machine fixe pour remonter les mêmes convois avec une vitesse donnée, admettant que la force du cheval (vapeur) sera représentée par 75 kilogrammes avec vitesse d'une lieue à l'heure, ou $1^{m}10^{c}$ par seconde, c'est-à-dire de moitié plus grande que l'effet réel d'un cheval, il faudra prendre les 2/3 des nombres de chevaux indiqués dans la première colonne de la première partie du tableau, et multiplier ce résultat par la vitesse qui sera demandée pour le convoi.

Ainsi, pour un plan incliné de 45 millimètres, qui se trouve indiqué par la valeur 50 de $(c \times s)$, le nombre des chevaux animés serait de 50 pour la vitesse d'une lieue. Si l'on veut que la vitesse soit de 4 lieues à l'heure, prenant les 2/3 de 50, $= 33. 33.$ et les multipliant par 4, on trouve que la machine devrait être de 133 chevaux.

On peut être certain de l'exactitude des calculs du tableau d'après les bases qui ont été adoptées; mais la vérité des résultats dépend en premier lieu de l'exactitude des bases; il est donc nécessaire d'examiner ici ces bases elles-mêmes, afin de donner la conviction que les résultats méritent confiance, et que des spéculations fondées sur ces calculs ne pourront qu'être avantageuses.

Pour le travail des chevaux, j'admets les résultats extrêmes mentionnés dans le dernier ouvrage de M. Minard, concernant les chemins de fer. Ce sont les plus faibles produits que les auteurs aient jamais indiqués; j'ai introduit deux vitesses intermédiaires au lieu d'une, pour mieux coordonner la série du tableau, et de plus, parce que les vitesses sont parfaitement en harmonie avec les différentes sortes de chevaux; celle de deux lieues à l'heure est une allure très-ordinaire; ce serait vraisemblablement celle que l'on adopterait pour des transports qui n'exigeraient pas impérieusement une célérité plus grande. En employant les chevaux de cette manière, et avec les efforts indiqués, il serait très facile de les maintenir en bon état.

Les prix portés pour la journée de ces chevaux, en raison de leur qualité, déterminée par la vitesse à laquelle ils seraient destinés, sont au-dessus des prix moyens; il y aurait peu de localités où ces prix pussent se trouver susceptibles d'augmentation. Il était moins facile de déterminer la valeur d'une heure de travail pour une machine locomotive; on peut bien apprécier le charbon brûlé, dont la moyenne est de 200 kilogrammes pour vaporiser un mètre cube d'eau par heure, ce qui a lieu pour la plupart des machines anglaises, et notamment pour celle dite le Jackson, du chemin de Roanne, sur laquelle il a été fait de nombreuses expériences par MM. les directeurs de ce chemin.

On admet la même base pour les calculs de ce tableau.

On peut aussi facilement apprécier les frais d'un conducteur et d'un chauffeur; mais ces dépenses réunies ne sont qu'une faible partie de celles qui ont eu lieu pendant deux ans, concernant le service des machines sur le chemin de Liverpool.

Ces dépenses sont indiquées dans l'ouvrage déjà cité de M. Minard, et c'est de là qu'on a déduit le prix moyen de l'heure de travail, tel qu'il est porté au tableau.

Les dépenses totales, concernant uniquement les machines, se sont élevées, pendant le cours de deux années, à la somme de 1,297,000 fr.

Il a été fait dans le même temps douze mille cinq cent quinze voyages de Liverpool à Manchester, ou de Manchester à Liverpool, pour transporter des voyageurs, et neuf mille deux cent sept pour transporter des marchandises.

Évaluant à deux heures la durée moyenne du trajet pour le transport des voyageurs, et celle du transport des marchandises à trois heures, ce qui ne peut différer que très-peu de la réalité, il en résulte un nombre total d'heures de service pour les machines locomotives d'environ cinquante-trois mille.

Divisant par ce nombre le montant total de la dépense, il en résulte un prix moyen de 24 fr. par heure.

Il est à remarquer à ce sujet que la distance qui existe entre Liverpool et Manchester n'étant que de quarante-huit mille mètres, et se trouvant parcourue en une heure et demie par les convois de voyageurs de première classe, (qui ne s'arrêtent pas dans le trajet,) et en deux heures et demie par les convois de deuxième classe, (qui s'arrêtent en divers points pour prendre ou déposer des voyageurs,) il y a nécessairement à chaque voyage beaucoup de temps et de dépenses perdus pour préparer la machine, chauffer la chaudière, etc.; beaucoup de faux-frais, en un mot, qui n'existeraient pas dans le service régulier d'une grande ligne; que de plus, la dépense totale comprend l'acquisition de beaucoup de machines nouvelles, et que les dépenses actuelles pour l'entretien des chaudières sont beaucoup moins grandes qu'à cette époque; le prix moyen déduit du temps effectif de leur travail est donc réellement trop élevé.

Si l'on s'en rapportait aux indications qui sont données par M. Biot dans l'ouvrage intitulé : *Manuel des chemins de fer*, sur les dépenses de toute nature relatives au service et à l'entretien des machines locomotives employées au chemin de Saint-Étienne à Lyon, les dépenses, y compris l'intérêt du capital de leur acquisition, ne s'élèveraient qu'à la somme de 37 fr. par jour, pour trois voyages qui exigent ensemble un travail d'à peu près huit heures. La dépense ne serait donc pas plus de 5 fr. par heure, tandis que l'on suppose ici le prix moyen de 24 fr.; mais on est convaincu que M. Biot n'a écrit que sur des renseignemens très-incom-plets. J'ai l'intime conviction cependant que la dépense effective sera in-finiment moindre que je ne la suppose, dans un service bien établi. Je conserve néanmoins ce prix de 24 fr. pour être plutôt au-dessus qu'au-dessous de la réalité dans l'indication des frais de traction que mon but est de faire connaître. Je vais décrire ici la machine qui sert de base à mes calculs.

Il convient d'abord de faire observer que dans les machines sans con-densation, comme sont nécessairement celles que l'on emploie sur les chemins de fer, où il y a impossibilité de transporter un appareil réfri-gérant, il y a un maximum d'effet qui correspond à une vitesse telle, que les pistons, par leur mouvement, fassent entrer dans les cylindres où ils manœuvrent toute la vapeur que la chaudière produit habituel-lement, et en lui conservant (sauf une légère perte qui est indispensa-ble) la même force élastique que celle qui a lieu dans la chaudière; il y a donc pour cela un rapport nécessaire entre le diamètre du piston, sa longueur de course, sa vitesse et la quantité d'eau qui peut être con-stamment transformée en vapeur par la combustion du charbon; toutes choses étant réglées ainsi, si le piston diminue de vitesse, la production de vapeur restant la même, cette vapeur ne pourra pas être entièrement dépensée, les soupapes de sûreté se lèveront, il y aura perte de vapeur et moindre quantité d'action; car la tension de la vapeur ne pouvant pas être augmentée, le piston n'augmentera pas de force par la dimi-nution de vitesse. Si, au contraire, la vitesse du piston est plus grande que celle qui correspond au maximum d'effet, et que l'on peut appeler vitesse normale, la vapeur suit toujours le piston; mais une même quan-tité d'eau vaporisée occupe un espace d'autant plus grand, que la vitesse du piston est plus grande; cette vapeur s'y trouve donc avec une moindre force élastique, et son effet diminue en raison de cette dilatation; si par exemple on suppose que dans l'état normal la vapeur qui presse le piston soit quatre fois plus comprimée que l'air atmosphérique, et que l'on vienne à donner au piston une vitesse quatre fois plus grande, le même volume d'eau vaporisé dans l'unité de temps occupera quatre fois plus d'espace, son ressort ne sera donc plus qu'égal à la pression atmosphérique, et son action sur le piston sera absolument nulle. L'action dont le piston est capable décroît donc de cette manière, depuis son maximum d'effet jusqu'à zéro, tandis que sa vitesse augmente dans un rapport croissant de 1 à 4.

Il suit de là, que pour obtenir d'une machine le maximum d'effet, il faut qu'elle travaille toujours avec sa vitesse normale; mais ce sera chose impossible si le chemin qu'elle doit parcourir offre des inégalités dans ses pentes, à moins que l'on ne puisse faire varier le poids du convoi, en raison inverse des pentes sur lesquelles on devra s'élever, et comme la plupart des chemins existans ou projetés le sont avec des pentes variables, j'ai dû supposer que la machine pourrait varier son effet, en admettant que le maximum de cet effet aurait lieu lors de la plus faible vitesse, que je suppose de quatre lieues à l'heure.

J'ai terminé le tableau par l'indication des effets d'une machine de même force, mais qui serait disposée pour produire son maximum d'effet en ayant la vitesse de huit lieues; on voit à l'aspect de ce tableau quelle énorme différence il y a entre les deux produits.

Je suppose une machine qui, brûlant 200 kilogrammes de charbon par heure, puisse vaporiser dans le même temps, par l'effet de cette combustion, un volume d'eau d'un mètre cube; c'est ce qui a lieu pour la plupart des machines anglaises, et notamment pour la machine dite Jackson, du chemin de Roanne, sur laquelle MM. les directeurs de ce chemin ont fait de nombreuses expériences. Dans le nombre de ces expériences, la plupart n'ont eu lieu que pendant quelques minutes, et l'on ne peut en tirer aucune sorte de conclusion, mais cette machine a remonté avec charges les chemins entiers de Givors, au souterrain de Rive-de-Gier, et de Rive-de-Gier, au souterrain de Terre-Noire; ces épreuves ont été d'une longueur suffisante pour que l'on puisse en conclure les forces de traction et les effets utiles de la machine. Le chemin de Givors à Rive-de-Gier a été parcouru avec un effort de traction de 615 kilogrammes, et celui de Rive-de-Gier à Saint-Étienne, avec effort de 710 kilogrammes (1) ; la vitesse est annoncée, dans l'un et l'autre cas, avoir été de cinq lieues à l'heure ; cette appréciation peut ne pas avoir été faite avec une exactitude rigoureuse ; mais sans considérer cette vitesse au-delà de quatre lieues à l'heure, et supposant la force du cheval (vapeur) égale à un effort de 75 kilogrammes avec vitesse d'une lieue (1^m 10^c par"), l'effort de la machine aurait été dans ce travail égal à trente-huit chevaux.

Je n'admettrai pas même encore un aussi grand résultat, et je supposerai la force de traction réduite à 600 kilogr. avec vitesse de 4 lieues à l'heure, ce qui équivaut à 2400 avec vitesse d'une lieue, et divisant par 75, on aura le nombre 32 pour exprimer la force de la machine.

Je suppose 2 cylindres de 0 m. 25 cent. de diamètre et la course des pistons de 0 m. 50 cent.; le diamètre des roues 1 m. 27 cent., ce qui produit 4 mètres de développement ; il faudra pour chaque lieue 1000 tours de roue, et par conséquent mille coups doubles de chaque piston, ce qui dépensera un volume de vapeur égal à 4000 fois la capacité d'un cylindre. Or, d'après le diamètre indiqué de 0 m. 25 cent., la section du cylindre serait de 0 m. 0491, je la supposerai 0, 05, augmentant légèrement le diamètre. La course étant 0 m. 50, la capacité sera 0, 025, ou 1740 du mètre cube, et les quatre coups donnés, pour chaque tour de roue, formeront un total de 1710 de mètre cube. Les mille tours de roue qui for-

---

(1) *Tableau de cinq expériences faites sur la machine locomotive le Jackson, par MM. les directeurs du chemin de fer de St.-Étienne à Roanne.*

N°¹.	DÉSIGNATION des expériences.	DURÉE de l'expérience.	VITESSE par heure.	PENTES du chemin.	SOMMES DE la pente et du coefficient supposé de 00,4.	POIDS total traîné	EFFORT total de traction.	NOMBRE de forces de chevaux.
1re.	Sur le chemin de Givors à Rive-de-Gier.	0h.45'	5 lieues.	0m,006	0,010	61t, ½	615 kil.	41
2e.	Sur le chemin de Rive-de-Gier à Saint Étienne..	1 ,00	4	0 ,014	0,018	39 , ½	711	41 ¼
3e.	Sur le plan incliné de Nullière . . .	0 ,04	5	0 ,030	0,034	27	918	61 ¼
4e.	Sur le même plan.	0 ,04	8 ¼	0 ,030	0,034	12	408	45
5e.	Sur le plan incliné de Bièvre.	0 ,06	5	0 ,045	0,049	12	548	36 !

On a omis de mentionner trois autres expériences douteuses ; on pourrait aussi considérer comme telle celle qui est indiquée ici sous le n°. 3 , dans laquelle il est à présumer que le convoi était animé par une plus grande vitesse acquise , avant de monter sur le plan incliné.

meront la lieue dépenseront donc 100 mètres cubes de vapeur, telle qu'elle est contenue dans les cylindres.

Pour que l'action de cette vapeur puisse déterminer à la circonférence de la roue une force de traction de 600 kilogrammes, l'espace parcouru par le piston n'étant que le quart du développement des roues, la vapeur doit exercer utilement sur eux une action de 2400 kilogrammes ou 1200 kilo. pour chacun d'eux.

Leur superficie étant de o, o5, la pression utilement exercée par la vapeur devra être de 240 kilogrammes par décimètre quarré, ce qui représente une hauteur d'eau de 24 mètres ou 2 atmosphères 1/2 au delà de la pression atmosphérique, et comme on suppose la vapeur comprimée à 4 atmosphères, ou à 3 au-dessus de l'air que nous respirons, il reste une pression de 2/3 d'atmosphère ou de 343 kilogrammes employés à vaincre les résistances des frottemens de la machine (1).

La dépense totale de vapeur étant, ainsi qu'il vient d'être dit, de 100 mètres cubes sous la pression qu'elle a dans les cylindres, sera égale à 400 mètres cubes, sous la pression atmosphérique (négligeant la petite différence pour l'exhaussement de température); chaque mètre cube de vapeur, sous la pression moyenne de l'atmosphère, exigeant pour sa formation 0m. 00058 d'eau, les 400 mètres en exigeront 0, 232, et comme la lieue serait parcourue en 1/4 d'heure, il serait employé dans une heure 0, 928 d'eau vaporisée; la chaudière fournissant 1 mètre cube par heure, il y aurait donc excès pour les pertes.

Pour déterminer maintenant la puissance qu'aura la machine selon ses différens degrés de vitesse, il faut observer, selon ce qui a été dit ci-dessus, que la vitesse de 8 lieues à l'heure, étant double de la vitesse normale, la vapeur qui emplira toujours les cylindres y occupera un espace double, et n'y sera par conséquent qu'à la pression de 2 atmosphères dont un seul comprimerait les pistons; ainsi l'effort primitif de 600 kilo. se trouvera réduit à 200 pour la vitesse de 8 lieues (2); c'est par le même raisonnement qu'on a déterminé les forces de traction pour

---

(1) Voir la note après les tableaux.

(2) Ce nombre est même trop grand, parce qu'on n'y retrouverait plus l'excédant suffisant pour vaincre les résistances des frottemens, qui augmentent au lieu de diminuer.

les vitesses intermédiaires, ainsi qu'elles sont indiquées au tableau, 440 kilo. pour la vitesse de 5 lieues, 330 pour celle de 6, et 230 pour celle de 7, nombres que l'on a seulement exprimés en dixaines justes, pour la simplicité des calculs.

Pour la machine destinée spécialement à la vitesse de 8 lieues, c'est-à-dire dont le maximum d'effet n'aurait lieu qu'avec cette vitesse, les pistons ne devraient avoir que 18 centimètres au lieu de 25, et avec la même quantité de vapeur, sans excéder la pression fixée à 4 atmosphères, on obtiendrait un effort de 300 kilogrammes au lieu de 200, ce qui augmenterait de plus de moitié l'effet utile, ainsi qu'on peut le voir au tableau ; mais aussi ce serait vainement que l'on voudrait essayer d'augmenter la force de traction de cette machine, en ralentissant sa vitesse ; on ne le pourrait du moins que d'une très-faible quantité, et l'augmentation n'aurait lieu que parce qu'avec moins de vitesse du piston, l'équilibre se maintient plus parfait entre les forces élastiques de la vapeur dans le cylindre et dans la chaudière ; cette différence de tension dans la chaudière et le cylindre est quelquefois considérable, par suite d'un vice de construction que j'ai souvent remarqué dans les machines à haute pression, soit anglaises, soit françaises ; mais on doit supposer que ce défaut n'existerait pas, et alors la machine n'augmenterait que très-peu son effort par la diminution de sa vitesse.

On obvierait à cet inconvénient à l'aide d'un mécanisme que j'ai depuis long-temps indiqué, qui donnerait les moyens de procurer trois degrés de vitesse à la machine sans augmenter le nombre des impulsions du piston.

Il faut donc, si on admet dans le tracé des chemins un système ondulé ou de pentes irrégulières, employer des machines dont le maximum d'effet sera pour les faibles vitesses, et se résoudre à perdre la majeure partie de leur action, quand on voudra les employer avec la vitesse de 8 lieues.

Dans cette même hypothèse de chemins ondulés, il serait impossible d'employer des machines de force moindre que celle que nous venons d'examiner sans augmenter beaucoup les frais de traction ; si en effet on suppose une machine de la force de 12 chevaux, capable d'un effort habituel de 12×75 kilo. avec vitesse d'une lieue à l'heure, ou 3×75 kilo avec vitesse de quatre lieues, $= 225$ kilo. pour le maximum d'effet, cet effort serait réduit, pour la vitesse de 8 lieues, à être au plus de 70 kilogrammes; supposant dans ce cas le chemin de niveau et le coefficient du frottement $= 0,005$, cette machine ne pourrait traîner, compris son propre poids, que 14 tonnes. Ainsi, quelque légère qu'on pût la supposer, elle ne pourrait rien remorquer sur une pente de 3 millimètres.

On doit donc sous le rapport de la force des machines s'en tenir à ce que l'expérience anglaise, bien d'accord avec la théorie, a prouvé le plus avantageux.

La machine du chemin de Roanne, sur laquelle ont été faites les expériences mentionnées ci-dessus, n'excède pas le poids de 7 tonnes. Ce poids peut être supporté par un chemin construit avec soin.

Exemples d'application de l'usage du tableau de locomotion.

1°. Pour déterminer quels devraient être les tarifs sur un chemin dans des hypothèses *données*.

Supposons un chemin de 200,000 mètres de longueur, dont 100,000 en montant avec une pente de 2 millimètres et 100,000 en descendant avec une pente semblable.

Que la dépense de construction du chemin ait été de 125 fr. par mètre, ou 500,000 par lieue, ou 25,000,000 pour la longueur totale, l'intérêt du capital, à raison de 5 p % sera 1,250,000 fr.; supposons que le mouvement commercial qui aura lieu sur cette ligne soit de 300,000 tonnes, dont 200,000 en marchandises qui n'exigent que la moindre vitesse et 100,000 en voyageurs, ou marchandisse précieuses, qui demanderont la vitesse de 8 lieues à l'heure.

Supposons que pour un semblable tonnage les dépenses d'entretien annuel et d'administration du chemin s'élèvent à 3 fr. par mètre de longueur.

J'admettrai de plus que les voyageurs et marchandises précieuses doivent payer pour leur part des frais d'entretien et intérêts du capital, trois fois plus que les marchandises transportées à petite vitesse, ce qui n'aura rien que de juste, en ce que beaucoup de détériorations doivent se trouver proportionnelles au quarré des vitesses, et que les dépenses d'exécution du chemin sont généralement augmentées dans la vue de procurer les plus grandes facilités aux transports rapides.

Nous aurons dans ces hypothèses à partager la somme de 1,250,000 fr. d'intérêt et celle de 600,000 d'entretien, ensemble 1,850,000 fr. $\frac{2}{5}$ pour les marchandises et $\frac{3}{5}$ pour voyageurs, ou 740,000 fr. pour marchandises et 1,110,000 fr. pour voyageurs, ce qui donnera par tonne, pour le voyage entier, 3 fr. 70 c. pour marchandises et 11 fr. 10 c. pour voyageurs et revient par tonne et kilomètre à 1 c. 85 pour marchandise et 5,55. pour voyageurs ; d'après cela, le prix de la tonne transportée à vitesse de 4 lieues sera pour la montée. . . . .   2° 53 + 1. 85 = 4. 38. ⎫

Le même pour la descente sera. . . .   1. 00 + 1. 85 = 2. 85. ⎬ 7.23

Ce qui donne une moyenne de. . . . . 3° 62. ⎭

Pour les 100,000 tonnes de voyageurs, ou de marchandises précieuses, aura pour chaque tonne :

   1° Pour la montée. . . . . .   4. 23 + 5. 55 = 9. 78 ⎫

   2° Pour la descente. . . . . .   1. 47 + 5. 55 = 7. 02 ⎬ 16. 80

Dont la moyenne est. 8. 40

Ainsi, en portant les tarifs à ce taux, et ajoutant même un dixième sur les marchandises à vitesse de 4 lieues, ce qui ferait 0 f. 04 c. par tonne et par kilomètre, et portant celui des marchandises précieuses à 0 f. 10 c., on voit que tous les frais possibles et intérêts à 5. pour $\frac{0}{0}$ se trouveraient couverts par le produit; observant maintenant que les waggons employés pour le transport des voyageurs, au lieu de porter trois tonnes de marchandise, contiennent 18 ou 30 voyageurs, selon la classe des voitures, d'après le système anglais où chacun des six siéges dans les voitures de 1re classe est divisé en 3 stalles, et en admettant 6 bancs à 5 places sur les chars de 2e classe, chaque voyageur de 1re classe représente $\frac{1}{6}$ de la tonne de marchandise, et chacun de ceux de 2e classe $\frac{1}{10}$. Le prix par voyageur serait donc pour chaque kilomètre 1 c. ½ pour la 1re classe, et 1^c pour la 2e; ce qui, pour l'espace total de 200 kilomètres, ou 50 lieues, produirait 3 f. 33 c. pour les voitures de 1e classe, et 2 f. pour celles de 2e.

Mais comme on peut sans injustice admettre que les prix soient triplés pour ce qui concerne les voyageurs, ce qui porterait les prix du voyage à 10 f. pour les voitures de 1e classe, et à 6 f. pour celles de 2e, il en résulterait, pour la compagnie qui exploiterait le chemin, un bénéfice net au delà des intérêts à 5. p. % de 6 f. 66 c. par voyageur de 1re classe, et de 4 f. par voyageur de 2e.

Admettons un nombre total de voyageurs de 240,000 par an, ce qui suppose un départ moyen de chaque extrémité de la ligne de 333 par jour, qu'il y ait autant de waggons de 1re classe que de 2e, il y aura 90,000 voyageurs de 1re classe, et 15,000 de 2e. Les 90,000 de 1re

classe à 6 f. 66 c. produiront. . . . .   600,000 f.

les 15,000 de 2e à 4 produiront également. . . .   600,000

Total de bénéfice.   1,200,000

Ce qui doublerait déjà l'intérêt à 5 p. %.

Indépendamment de ces transports par les voitures à grande vitesse, il y aurait encore pour les communications entre localités peu éloignées d'autres voitures à la suite des convois de 4 lieues à l'heure sur lesquels les prix pourraient être un peu moindres, et qui augmenteraient encore beaucoup les bénéfices.

Toutes les circonstances présentées dans cet aperçu seraient au-dessous de la réalité pour peu qu'une ligne de chemin de fer fût avantageusement située; il y a des lieux où le tonnage des marchandises et le nombre des voyageurs seraient doubles, et alors il est facile de calculer jusqu'où pourraient s'élever les bénéfices.

L'hypothèse d'une pente de 2 millimètres de chaque côté d'un point de partage est beaucoup plus que la moyenne que l'on aurait en suivant de grandes vallées; telles par exemple que celle du Rhône et de la Saône, d'une part, et de la Seine d'autre part, pour établir la grande ligne de communication de la Méditerranée à la Manche. La pente la plus générale est au-dessous de ½ millimètre, il n'y a que le passage de la grande chaîne de montagne qui offre des pentes de 6 millim. 5, mais sur une si faible longueur comparée à la ligne totale, qu'il n'en résulterait pas un accroissement sensible dans la dépense, répartie sur toute la ligne; en prenant le sens le plus défavorable, qui est allant de Paris à Lyon, on aurait une montée de 19 kilomètres sur une pente de 6 millimètres $\frac{1}{4}$, ce qui, pour la vitesse de 4 lieues, produirait une augmentation sur les frais de la ligne horizontale de 2ᶜ 8. par tonne et kilomètre, ou de 58ᶜ pour la totalité du passage.

Pour les convois à grande vitesse, l'augmentation des frais comparés à ceux de la ligne horizontale, serait de 6 ᶜ. 3 par tonne et kilomètre, ou de 1 fr. 20 c. pour la totalité du passage, la moyenne de l'augmentation ne serait pas de 1 fr., qui, répartie sur la totalité de la ligne, de plus de 1,000 kilomètres, n'est pas égale à $\frac{1}{10}$ de centime par tonne et par kilomètre.

Ainsi, sur une ligne semblable, on pourrait, avec certitude de bénéfice considérable, au-delà de l'intérêt de 5 p. —, établir les tarifs ainsi qu'il suit : —

o fr. 4 c. Par tonne et par kilomètre pour les marchandises avec vitesse de 4 lieues à l'heure.

o, 10. Par tonne et par kilomètre pour les marchandises avec vitesse de 8 lieues.

o, o5. Par place de voyageur de 1ʳᵉ classe.

o, o3. c. Par place de voyageur de 2ᵉ classe.

On pourrait, sur ces bases, établir une ou plusieurs moyennes pour les vitesses intermédiaires.

DEUXIÈME APPLICATION DU TABLEAU.

Déterminer les pentes les plus avantageuses pour franchir une hauteur donnée, autrement dites pentes normales.

Il n'existe aucune pente qui puisse être la plus avantageuse dans toutes les hypothèses de vitesses et de moteurs; mais il y a pour chaque vitesse, et en raison des prix de chaque moteur, de la dépense d'entretien du chemin, et de l'intérêt des capitaux employés à sa construction, et même du genre de machine employé, une pente sur laquelle la dépense totale de traction sera la moindre possible pour atteindre le niveau fixé; et comme on ne peut pas exécuter un chemin pour chaque vitesse, il faudra, selon les circonstances, adopter la pente la plus convenable pour la principale destination du chemin.

Pour mettre à même de déterminer le choix de cette pente, j'ai pensé que le mieux serait d'offrir, dans un nouveau tableau, l'indication de la variation des dépenses totales pour atteindre une hauteur donnée selon les vitesses et les pentes. J'ai supposé la hauteur à monter de 10 mètres, et après avoir calculé selon les variations de la pente, par demi-millimètre, les longueurs que devrait avoir le chemin, pour s'élever à cette hauteur de 10 mètres, j'ai présenté d'un côté les frais de traction, par tonne et par kilomètre, déduits du tableau général, augmentés d'une somme de 0 fr. 03 c. pour intérêt du capital et entretien du chemin, et multipliant ces nombres par les espaces à parcourir, j'ai obtenu les dépenses totales qui seraient nécessaires pour s'élever, dans chaque hypothèse, à la hauteur donnée de 10 mètres. Les nombres les moins élevés dans chacune des colonnes de cette partie du tableau, et qui sont marqués d'un astérisque, correspondent aux pentes sur lesquelles aurait lieu la moindre dépense, c'est-à-dire aux pentes normales.

On voit que pour la vitesse de 4 lieues à l'heure la pente la plus avantageuse serait de 0 ^{m} 016 millimètres; qu'elle serait de 11 millimètres pour la vitesse de cinq lieues en employant la même machine; de 8 1/2 pour la vitesse de six lieues, de 6 pour la vitesse de sept lieues, de 4 1/2 pour la vitesse de huit lieues, et cela, toujours dans la supposition de l'emploi d'une machine commune; mais qu'en employant une machine spéciale pour la vitesse de huit lieues, cette pente, la plus avantageuse, revient à 0 ^{m} 08 millimètres.

Au milieu de ces pentes différentes, chacune convenable à une vitesse déterminée, ne pouvant en adopter qu'une seule pour le tracé d'un chemin, on verra que celle qui apporterait le moins de différence dans les prix des deux extrêmes serait une pente d'un centimètre, qui est précisément celle qui avait été désignée comme maximum dans les premières instructions du Conseil des ponts et chaussées, et également celle qui existe au chemin de Liverpool à Manchester ; elle augmenterait les frais d'un dixième pour la vitesse de quatre lieues, et d'un dixième également pour la vitesse de huit lieues. Ce serait donc là réellement la pente normale pour un chemin où les transports devraient s'exécuter avec les deux vitesses : elle serait la plus avantageuse pour le cas d'une vitesse de six lieues, en employant une machine spécialement disposée pour cela.

Si au lieu de s'élever simplement sur un plateau on doit descendre ensuite du côté opposé, ainsi que cela aurait lieu pour le passage d'un contrefort, on voit que ce serait une raison pour augmenter encore la pente normale, puisque la descente qui doit avoir lieu sur le revers, bien que s'opérant sans effort, ne se fait pas néanmoins sans dépense, et que cette dépense est d'autant plus grande que la pente du chemin étant plus douce ce chemin a plus de longueur.

On peut encore se demander si, dans le cas où, au lieu de partir du pied de la rampe, que l'on a considéré comme un point de départ obligé, on voulait commencer à monter de plus loin pour arriver au même point du sommet, il n'y aurait pas un grand avantage à le faire ; cette question se résoudra facilement par un exemple :

Soit, comme on le suppose au tableau, la hauteur à monter de 10 ^{m}, suivant la pente normale d'un centimètre, la longueur du trajet sera de 1,000 mètres, et la dépense pour la vitesse de quatre lieues sera de 9 c. 9, et de 20 c. 3 pour la vitesse de huit lieues.

Supposant que l'on commence à monter à 1,000 mètres plus loin, la longueur de la rampe aura alors 2,000 mètres, et la pente seulement 0^{m}005 ^{e} ; la dépense sera alors :

> pour la vitesse de 4 lieues, ... 13^{c}.82
>
> et pour celle de 8 lieues. . . . . 20 .60

et comme la dépense de la partie horizontale aurait été ;

> pour la vitesse de 4 lieues 4,74
>
> et pour celle de 8 lieues. 5,74

il reste pour dépense déterminée par la montée :

pour la vitesse de 4 lieues. . . . .   9 .o8 au lieu de 9,90
et pour la vitesse de 8 lieues. . . . . . .   14 ,86 au lieu de 20,30

Si au lieu de commencer à 1,000 mètres, on s'élève à partir de 9,000, ce qui donne une longueur totale de rampe de 10,000 mètres et une pente de 1 millimètre, la dépense sera alors :

pour la vitesse de 4 lieues. . . . . . . $10 \times 513 = 51,30$
et pour celle de 8 lieues. . . . . $10 \times 645 = 64.50$

Retranchant la dépense qui aurait eu lieu horizontalement sur les 9,000 mètres, savoir :

pour la vitesse de 4 lieues. . . . . . . $9 \times 4,74 = 42,66$
et pour celle de 8 lieues. . . . . $9 \times 5,74 = 51,66$

il reste pour dépense déterminée par la montée :

pour la vitesse de 4 lieues   8,65
et pour la vitesse de 8 lieues.   12,84

d'où l'on voit que la dépense résultant de la montée diminue d'autant plus qu'on commence à monter de plus loin, mais dans une faible proportion, surtout pour la moindre vitesse; de telle sorte que, pour cette vitesse de 4 lieues, on pourrait, sous le rapport de la dépense de traction, considérer comme indifférent le point à partir duquel on commencerait à s'élever.

Cela, bien entendu, est dit sous le rapport théorique, et pour la comparaison des forces; car dans la pratique, il y aura toujours beaucoup de considérations, qui s'ajouteront à la moindre dépense, pour faire adopter dans les montées les pentes les plus douces, en les prenant du plus loin que cela sera possible, sans occasioner trop de dépenses ou trop de sinuosités, par le développement sur les coteaux.

Une question qui dérive de celle que nous examinons, est de savoir dans quelles circonstances une ligne de chemin de fer qui, suivant le fond d'une vallée, rencontrera un contrefort très-saillant, aura plus d'avantage à le contourner, à le percer ou à le franchir par la pente normale d'un centimètre; supposons que ce contrefort ait une hauteur de 60 mètres, et considérons les transports avec une vitesse de 8 lieues à l'heure; la dépense à faire pour s'élever au-dessus du contrefort serait, par la pente normale, de $1^f,228$ par tonne, en parcourant une longueur de rampe de 6,000 mètres; il y aurait ensuite à descendre une pareille longueur avec le frein pour laquelle la machine ordinaire fera à peu près la même dépense que sur le chemin horizontal, $= 6 \times 5,74 = 34,44$. La dépense pour monter et descendre sera donc pour chaque tonne 1 fr. 56 c. On ne comprend pas encore dans cette dépense le retour à vide des forces supplémentaires qui auront été nécessaires pour élever sur le plateau la partie du convoi que la machine primitive n'aurait pas la force de monter.

Pour savoir dans quel cas il serait plus avantageux de contourner, il faut diviser cette somme par le prix du transport d'une tonne à 1 kilomètre sur le chemin horizontal $= 0^f,05,74$, et l'on obtient pour quotient $27\frac{1}{4}$; d'où il suit que si le développement du contrefort n'a pas plus de 27,000 mètres de longueur, il sera plus avantageux de faire ce développement que de franchir les 60 mètres de hauteur.

Pour connaître dans quel cas il serait plus avantageux de faire un percement, partant toujours de la supposition que la circulation annuelle est de 300,000 tonnes, la dépense occasionée pour chaque tonne par le passage du contrefort étant de 1 fr. 56 c., elle sera de 468,000 fr. chaque année, pour le passage des 300,000 tonnes, d'où il suit que si la construction d'un souterrain et des tranchées qui l'accompagnent ne devait pas coûter plus de 9,360,000 fr., il vaudrait mieux l'exécuter, que de s'élever sur le contrefort ou que de le contourner, puisqu'au moins en payant le même prix on abrégerait la durée du trajet. Et il y aura d'autant plus lieu de se déterminer à l'exécution de ces travaux, qu'il y aura plus d'espoir de voir s'accroître le mouvement commercial sur le chemin que l'on exécutera.

Dans les calculs précédens, nous n'avons considéré que la vitesse de huit lieues à l'heure; si l'on en fait de semblables pour la vitesse de quatre lieues, on trouvera que l'avantage de contourner ne s'étendrait que jusqu'au point où le développement du contrefort serait de la longueur de 20,000 mètres, et que l'avantage du percement n'aurait lieu qu'autant que la dépense n'excéderait pas 5 millions 600 mille francs, et adoptant un terme qui serait à peu près moyen, on peut dire que chaque hauteur de 10 mètres à franchir, pour la descendre ensuite, équivaut à une dépense de 1,200,000 fr., ou à une augmentation de chemin de la longueur de 4,000 mètres.

TROISIÈME APPLICATION DU TABLEAU DE LOCOMOTION.

Comparaison de deux tracés, l'un suivant les sinuosités d'une vallée, par une ligne de pente uniforme, l'autre suivant une ligne plus courte, en admettant des contre-pentes.

On peut induire, de ce qui a été dit dans l'article précédent, qu'il doit y avoir désavantage à admettre des contre-pentes dans le tracé d'un chemin, mais les calculs de cet article sont purement théoriques, supposent que les montées seront franchies selon les pentes normales, et ne comprennent pas les longueurs de ces montées comme faisant partie du chemin à parcourir : ils supposent également que pour franchir ces montées, on aura les moteurs supplémentaires disposés de la manière la plus avantageuse pour traîner le poids total des convois ; ces suppositions trouveront dans la pratique de nombreuses modifications ; lorsqu'il y a de fréquens changemens dans les pentes, et que celles-ci sont peu considérables, on ne peut pas recourir souvent à des moteurs supplémentaires, il faut donc, si l'on veut se rendre un compte exact de ce qui se passe dans le parcours d'un chemin de cette nature, suivre dans toute sa longueur un convoi de poids déterminé, et calculer les frais de traction d'après le temps de service des machines qui seront nécessaires pour en opérer le transport.

Je supposerai qu'après avoir parcouru, pendant une grande longueur, une vallée de pente uniforme, en descendant de demi millimètre par mètre, un convoi de cinquante-cinq tonnes qui serait (waggons compris) le poids traîné sur cette pente par la machine admise pour base de nos calculs (en la supposant spécialement construite pour la vitesse de huit lieues à l'heure), arrive au pied d'une contre-pente, après laquelle se succéderont d'autres montées ou descentes, et des parties horizontales, suivant qu'elles vont être indiquées ci-après, sur une longueur totale de 72,540 mètres, et je vais chercher à connaître quels seront les frais de traction sur toute cette ligne, ajoutant 3 cent. à chaque article du tableau, pour intérêts et entretien.

Indication du profil.

LONGUEURS			PENTES		HAUTEURS	
en montant.	horizontales.	en descendant.	en montant.	en descendant.	des descentes.	des montées.
18,600			m. 0,0035			m. 65,10
4,900			05	m. 0,0025	m. 8,25	2,94
		3,300				
2,840			23			6,53
		1,460		30	4,38	
		9,560		34	32,50	
	5,090		10			4,19
4,190				10	6,36	
		6,360		085	3,42	
		4,020				
	2,440			35	34,23	
		9,780				
30,530	7,530	34,480			99,14	68,76

Pour calculer les frais de traction sur ces données, deux hypothèses peuvent être admises : on voit qu'il y a nécessité de changer la machine, ce que je ne considérerai pas comme un inconvénient, puisqu'après une longue course elle peut avoir besoin d'être visitée; on aura donc à examiner si l'on veut, dans la position indiquée, employer pour faire le trajet des 72,500 mètres des machines spéciales pour la vitesse de 8 lieues à l'heure, ou se servir de machines communes.

Dans le 1" cas, il faudra, pour traîner le convoi de 55 tonnes, deux machines, plus fortes même qu'on ne les a supposées pour la formation du tableau, puisque l'on voit que sur la pente de 0",0035, une machine ne pourrait traîner que 23 t. 1/2 au lieu de 27 1/2 qui seraient la moitié du convoi. Ces deux machines conduiront le convoi à la distance de 30,000 mètres, sans que l'on puisse y diminuer la consommation du charbon; les frais de traction seront donc pour les 30 kilomètres, comme ils seront en commençant, selon que le tableau l'indique pour $(c+s=85)$ de $0^t.0864$ c. par tonne et par kilomètre, et pour les 30 id. 2 f. 592. Sur tout le reste du trajet, les deux machines devront toujours marcher avec le convoi, vu qu'elles seront toutes deux nécessaires pour reprendre le convoi de retour, mais leur consommation de charbon sera moindre; on l'a évaluée à 5 f. par heure pour tout l'effort de la machine, on pourra ne la compter que pour 1 f. lorsque le convoi descendra, et sur les lignes horizontales; mais tous les autres frais restent les mêmes. La diminution de 4 f. sera le 7ᵉ du prix de l'heure de travail de la machine pour cette vitesse; il faudra donc diminuer le 7ᵉ de 5 c. 64, prix indiqué au tableau 000 f. 00 c. 81 mill., ce qui portera le prix du transport dans la descente à 0 f. 07 c. 83. et pour les 4,250 m. à   3 f. 327

Le prix total pour chaque tonne sera ainsi. . . . . 5 f. 920

Divisant ce prix total par celui du transport qui serait exécuté avec la même vitesse suivant la pente de la vallée, lequel est de 0f.0537, on a pour quotient le nombre 110,27, qui indique la longueur du chemin que le convoi pourrait faire, au même prix que dans la plaine.

Il est à observer que dans ce qui précède, on suppose que le prix de l'exécution du chemin sera le même, dans les deux cas; mais, s'il en était autrement, si pour s'élever dans les montagnes, il fallait, par d'énormes tranchées ou remblais, augmenter de moitié la dépense, il y aurait alors à ajouter, dans l'hypothèse de la ligne ondulée, 1 c. par tonne et kilomètre ou 0 f. 73 c. pour la totalité du trajet, et le nombre de 110, 27 se trouverait élevé à 124.

Si maintenant nous examinons l'hypothèse de l'emploi d'une seule machine, disposée pour donner son maximum d'effet, avec vitesse de 4 lieues à l'heure, nous trouverons qu'elle conduirait seule le convoi de 55 tonnes avec cette vitesse de 4 lieues sur la première partie de 18,600 mètres de longueur, dont la pente est 0,0035 et la durée du trajet,

pour parcourir cette longueur serait.. . . . .   1 h. 164
La partie suivante de 4900 mètres montant avec pente de
0,0006, pourra être parcourue avec vitesse de 5 lieues à
l'heure, c'est-à-dire en . . . .   0 h. 255
La 3ᵉ partie, descendant à 0 m. 0025, sur une longueur
de 3,300 mètres, pourra être parcourue en . . . . . .   0 h. 116
à raison de 8 lieues à l'heure.
La 4ᵉ partie de 2,840 m. de longueur, montant à 0,0023
sera parcourue en. . . . .   0 h. 180
à raison de 4 lieues à l'heure.
Les 11,020 m. descendant avec pente de 0 m. 0030, et
0,0034, et les 9,780 descendant avec pente de 0, 0035,
seront parcourus en . . . .   0 h. 650
à raison de huit lieues à l'heure.
Les deux parties horizontales de 7,330 m., les deux parties
montant, l'une de 1 millimètre, et l'autre descendant de
la même quantité, et la partie de 4,020 m. descendant à
0 m. 0085, le tout formant une longueur de 22,100 m.
seront parcourues en. . . . .   0 h. 917
à raison de 6 lieues à l'heure.
La durée totale du trajet sera donc. . . . .   3 h. 28
et la vitesse moyenne 5 lieues 1/2 à l'heure.

Le convoi aurait pu parcourir 105 mille mètres dans la plaine pendant le même espace de temps, en continuant à marcher avec sa vitesse
de huit lieues; ainsi, en employant deux machines de même force, le
convoi arriverait aussi promptement par la ligne de pente uniforme,
lors même que le trajet serait de moitié plus long.

QUATRIÈME APPLICATION DU TABLEAU.

*Comparaison des frais de transport, soit par le moyen des chemins de
fer, soit par les voies de navigation.*

Les premiers chemins de fer n'ont été établis, et n'ont été employés
pendant un bien grand nombre d'années, que pour le transport des
charbons de terre et pour celui des terres elles-mêmes, dans les grands

travaux de terrassement, et par conséquent pour les objets de la plus médiocre valeur; le hasard seul a même fait découvrir, à une époque encore peu éloignée, l'avantage que l'on peut retirer de ces chemins, pour transporter avec une incroyable rapidité les voyageurs et les marchandises de grand prix; et voilà qu'oubliant la première origine de ces chemins, on semble maintenant ne les considérer que comme propres seulement à ces transports de voyageurs ou de marchandises précieuses; et comme les compagnies qui ont obtenu les concessions du petit nombre de chemins de cette nature qui soient encore connus en France, les ont eues avec le privilége de tarifs qui seraient exorbitans, en les considérant par rapport aux marchandises communes, on en conclut que pour ces marchandises communes les chemins de fer ne sauraient en aucun cas soutenir la concurrence contre les voies de transport économiques, telles notamment que les voies de navigation. Il y a là une erreur immense que je crois très-important de rectifier, pour que les chemins de fer puissent être envisagés sous leur véritable point de vue, et leur utilité démontrée. Je dis, leur utilité démontrée; car si les chemins de fer ne devaient point avoir les résultats que je leur attribue, s'ils ne devaient pas vivifier toutes les industries, activer la circulation des marchandises les plus communes, faire naître même un grand nombre d'exploitations et de productions nouvelles par l'effet du bas prix des transports, je ne craindrais pas de dire que ces chemins seraient plutôt nuisibles qu'utiles; et prenant pour exemple le chemin de Saint-Étienne à Lyon, de quelle utilité serait-il s'il n'avait pas établi avec le canal de Givors une concurrence qui a fait baisser de beaucoup le prix du transport des houilles? Je vois en cela accroissement de l'exploitation des houilles, accroissement des fabrications, accroissement de la richesse publique; mais quant aux voyageurs, qui paient sur le chemin de fer à peu près le même prix que par les anciennes messageries (que le chemin de fer a détruites), je ne vois pas quel bien il en résulte.

L'établissement de tout chemin de fer, et principalement des grandes lignes, doit avoir nécessairement un mal pour premier résultat; si on leur conteste le pouvoir d'entrer en concurrence avec les voies de navigation, on leur accorde du moins une grande supériorité sur le roulage;

alors de leur seule existence résulte l'anéantissement du roulage et des messageries, et comme il est une immense quantité de villages, de bourgs, et même de petites villes, qui ne vivent que des industries alimentées par le roulage et par les messageries de toute espèce, il doit résulter de l'établissement des chemins de fer une énorme perturbation dans toutes ces industries, lorsque surtout les lignes des chemins de fer s'écarteront des routes suivies pour les transports par voie de terre. Pour que le gouvernement et les chambres législatives accordent leur protection à l'introduction de ce système, il faut donc que le bien qui en résultera pour la société, pour l'état, surpasse le mal que je viens de décrire; il faut, pour que la loi autorise les concessionnaires d'un chemin de fer, à bouleverser un nombre immense de propriétés particulières, qu'il y ait *utilité publique*. Or, quelle utilité si grande de procurer à quelques voyageurs l'avantage de se transporter plus rapidement aux lieux de leur destination, ou de faire baisser d'un liard ou deux par livre le prix du sucre et du café? Non, je le répète, il n'y aura d'utilité réelle, il n'y aura nécessité de faire le mal que j'ai dépeint, que si les marchandises de toute nature, et celles-là principalement qui par leur poids et leur bas prix ne sont pas à même actuellement de suivre les voies accélérées, peuvent participer à l'avantage de l'établissement des chemins de fer.

Il faut pour cela que ces chemins puissent suppléer aux voies de navigation, si longues et si fréquemment entravées par les sécheresses, les orages, les glaces, les débordemens, si fréquentes en accidens, avaries ou naufrages, et bien souvent encore si dispendieuses que beaucoup de richesses du sol demeurent sans exploitation.

Et qu'on ne dise pas qu'en voulant donner aux chemins de fer les transports qui se font actuellement par les voies de navigation, j'ajouterai un nouveau mal au mal que j'ai décrit plus haut; car pour que les chemins de fer puissent suppléer les voies navigables, il faut qu'ils les accompagnent et qu'ils restent à leurs niveaux; il n'y aura ainsi que déplacement momentané et non point destruction d'industrie, et ces faibles inconvéniens se trouveront amplement compensés par un immense développement de la circulation et d'industrie nouvelle. Ajoutez que pour tout le transport de marchandises qui aurait lieu par ces chemins, il faudrait un matériel considérable; et l'on conçoit tout l'avantage que le gouvernement pourrait en tirer dans des cas extraordinaires, tandis que pour ne mener que quelques voyageurs, ce matériel serait si peu de chose qu'il n'offrirait au gouvernement que de bien médiocres ressources. Pour que les chemins de fer puissent ainsi transporter les marchandises de toute nature, une seule chose est nécessaire, c'est que les tarifs sur ces chemins, pour les marchandises communes n'excèdent pas les prix actuels des transports par voies navigables ; car si, avec les mêmes prix, on procure l'avantage d'une vitesse de quatre lieues à l'heure, exempte de toutes les chances qui dépendent de l'influence des saisons ou de la température, alors on peut être certain que les chemins de fer ainsi établis seront le seul moyen de transport.

J'ai dit plus haut que l'opinion généralement répandue sur l'impossibilité d'atteindre au but que je viens d'indiquer était le résultat d'une erreur : cette erreur provient, d'une part de ce que l'on ne s'est pas rendu compte de la position défavorable dans laquelle ont été placés les premiers chemins construits en France, et d'autre part, de ce que dans la formation des tarifs on n'a fait aucune distinction, ni pour la vitesse des transports, ni pour les sortes de marchandises. On admet, à cet égard, dans les tarifs à l'usage des canaux, un grand nombre de classes différentes; je les demanderais beaucoup moins nombreuses pour les chemins de fer, mais je voudrais que l'on n'y fît payer que le droit le plus modique, au-delà des déboursés, aux productions qui, sans cela, resteraient sans circulation.

Il ne serait rien, de cette manière, qui ne pût être transporté sur les chemins de fer plus avantageusement que par toute autre voie possible.

Pour reconnaître cette vérité, il suffit de jeter les yeux sur le tableau de locomotion.

Je suppose que l'utilité d'un chemin de fer aura été reconnue, et sa construction arrêtée; je le suppose, en un mot, existant dans une vallée, et suivant, ainsi que le cours de la rivière, une ligne que l'on pourra regarder comme horizontale; la question, en cet état, se réduit à savoir si la compagnie qui aura l'exploitation du chemin pourra y effectuer les transports des marchandises, quelles qu'elles soient, aux mêmes prix que sur les voies navigables, et pour cela, sans s'inquiéter de ce qu'aura coûté le chemin, ni de l'intérêt des capiton doit considérer seulement les déboursés à faire, pour calculer le minimum des tarifs qui pourraient être admis ; or, si l'on cherche dans le tableau, pour la vitesse de 4 lieues à l'heure, quels sont les frais de traction sur le chemin de niveau, que je suppose indiqué sur la ligne c+s=5 millièmes, attribuant ainsi cette valeur de 5 millièmes au coefficient du frottement, et ne tenant, pour le moment, aucun compte de l'amélioration que l'on doit espérer par le perfectionnement des waggons. On voit que ces frais ne s'éleveraient qu'à 1 centime 3/4 par tonne et par kilomètre, et ajoutant à ce prix celui de 3/4 de centime pour les frais d'entretien qui se trouveraient augmentés par le transport de ces marchandises, on voit que les déboursés seraient au plus de 2 centimes $\frac{1}{2}$ par tonne et par kilomètre, et qu'en portant le tarif pour la marchandise de bas prix au taux de 3 centimes $\frac{1}{2}$, on aurait déjà, par la grande quantité des transports de cette nature, un bénéfice considérable, qui viendrait augmenter celui que procureraient les voyageurs et les marchandises précieuses, par l'effet d'un tarif plus élevé.

Au taux de 3 centimes et demi et même de 4 centimes, pour des marchandises qui seraient transportées avec vitesse de 4 lieues à l'heure, il n'est pas de concurrence possible. Les prix de transport de Paris au Hâvre ou du Hâvre à Paris, (en supposant le chemin au niveau de la vallée) n'excéderaient pas 10 fr. par tonne, et jamais par les voies navigables on n'atteindrait ce résultat.

Sur la rivière de Saône, dont le bassin semble si beau, les frais de navigation s'élèvent à 5 centimes pour la descente et à six centimes pour la remonte, et l'on court toutes les chances de pertes par les retards et les avaries ; le chemin de fer, au taux de 5 centimes, ferait entièrement les transports.

Un mouvement considérable a lieu entre Châlon et Lyon, pour le transport des voyageurs. Quatre bateaux à vapeur, qui se font concurrence, partent chaque matin de chacune de ces deux villes, le temps moyen de la descente est de 8 heures et celui de la remonte de 16. Le prix moyen des places est de 3 fr., et l'opinion commune est qu'il serait impossible d'opérer ces transports d'une manière plus économique ; il n'est pas inutile d'examiner ici quels seraient dans cette situation et sous le rapport des voyageurs les résultats du chemin fer.

En ne considérant d'abord que la vitesse de 4 lieues à l'heure, qui conduirait les voyageurs aussi rapidement pour la descente que les bateaux à vapeur actuels, et deux fois plus promptement pour la montée, les frais de traction par tonne, sur le chemin, que l'on peut considérer comme étant parfaitement de niveau dans les deux sens, (la pente n'est pas plus de $\frac{1}{10}$ de millimètre) seraient, y compris si l'on veut 1 centime pour frais d'entretien, 2 centimes $\frac{3}{4}$ les voyageurs étant partagés en 2 classes, ainsi qu'on l'a décrit plus haut, chaque voyageur équivaudrait, pour les frais, à la huitième partie d'une tonne ; les déboursés pour chacun d'eux ne seraient donc que le tiers d'un centime par kilomètre, et comme la longueur totale du trajet par le chemin de fer serait de 120 kilomèt., le total des déboursés serait de 0 fr. 40 c. On pourrait donc sans perte exécuter les transports des voyageurs entre Châlon et Lyon au prix moyen de 0 fr. 50 c. au lieu du prix de 3 fr. qui a lieu par les bateaux à vapeur.

Si au lieu de la vitesse de 4 lieues à l'heure, on établit le calcul sur la vitesse de 8 lieues, qui serait la plus convenable, la dépense ne serait augmentée que d'un tiers, et l'on pourrait avec bénéfice effectuer les transports au prix moyen de 1 fr. par personne, et le voyage entier, pour aller et revenir, serait effectué en 8 heures au lieu de 24.

Que l'on juge après cela s'il y aurait possibilité de concurrence. Non-seulement les chemins de fer auraient tous les voyageurs qui vont actuellement par les bateaux à vapeur, mais ils en auraient un nombre bien plus grand. Il faut actuellement, soit pour aller, soit pour revenir, s'embarquer à 2 heures, ou 3 heures du matin, il faut coucher dans le voyage ; par le chemin de fer, au contraire, on pourrait, partant le matin de l'une des deux villes, passer 5 à 6 heures dans l'autre, et revenir coucher chez soi ; avec de telles facilités, et le bas prix des transports, on peut être certain que le nombre des voyageurs serait au moins double.

Il ne faudrait que deux machines locomotives pour conduire tous les voyageurs que portent journellement les huit bateaux à vapeur de la Saône : on ne doit pas s'étonner, dès-lors, qu'il puisse y avoir économie.

En maintenant les prix moyens à 3 fr. (ou 2 centimes $\frac{1}{2}$ par kilomètre), pour la vitesse de huit lieues à l'heure, le seul transport des voyageurs entre Châlon et Lyon suffirait pour payer l'intérêt de la construction du chemin de fer.

CINQUIÈME APPLICATION DU TABLEAU.

Examen des causes de non succès de quelques entreprises connues.

Après l'exposé que je viens de faire des produits que l'on doit attendre d'un chemin de fer, avec de bas tarifs, on se demande comment il se peut que des compagnies auxquelles il a été accordé des concessions, avec des tarifs élévés, n'obtiennent que de faibles produits.

Observons en premier lieu que je suis loin de prétendre que, même en suivant les vallées de faible pente, il puisse être établi partout avantageusement des chemins de fer; je regarde au contraire ces positions comme rares, et privilégiées, par le concours de circonstances que je ne veux pas énumérer ici; on se les représentera d'ailleurs facilement, d'après l'examen qui va suivre.

Je parlerai d'abord du chemin de Lyon à Andrézieux par Saint-Étienne, et en y considérant la montagne d'environ 300 mètres de hauteur, en partant de Rive-de-Gier, et y appliquant le principe énoncé à la fin de l'article relatif aux pentes normales, je trouve que s'il y avait eu possibilité d'éviter cette montagne, et que le point de Saint-Étienne n'eût pas été un passage obligé, en supposant d'ailleurs les transports les mêmes, dans les deux sens, il aurait été plus avantageux que l'on eût suivi une ligne horizontale plus longue de 120 kilomètres, ou que l'on eût fait en percemens ou tranchées une dépense de 36 millions.

Mais, dira-t-on, il n'y a presque pas de transport de Lyon à Andrézieux, ils se font tous en descendant de Saint-Étienne à Lyon ou de Saint-Étienne à Andrézieux; l'existence de la hauteur de Saint-Étienne ne doit donc pas être considérée comme étant une cause de perte.

Ce raisonnement serait juste si les waggons ne pesaient rien; mais pour deux tonnes de marchandises qui descendent, il y a une tonne de waggons à remonter, et si l'on prend dans le tableau la moitié des frais de traction pour les pentes qui existent entre Givors et Saint-Étienne, on trouvera qu'elle serait, pour la 1ʳᵉ partie, de 2 3. et de 5ᶜ. 2. pour la 2ᵉ en supposant la vitesse de 4 lieues, et que si l'on ajoute à cela la dépense d'entretien pour la montée et la descente, et la dépense de la descente, supposée comme horizontale, on trouve que la moyenne des frais s'élève à $7 . \frac{1}{2}$ par tonne, et par kilomètre pour la marchandise descendue, et comme la dépense d'établissement du chemin a été extrêmement considérable, le tarif de 0 fr. 10 c. par tonne et par kilomètre ne peut produire pour les capitaux qu'un intérêt très faible.

Près du chemin précédent, on voit celui de Saint-Étienne à Roanne dont la longueur est d'environ 80,000 mètres; il traverse plusieurs contreforts dont la hauteur ensemble est de plus de 200 mètres; en y appliquant le principe précité, on verra que les frais de traction devraient être moins dispendieux sur un chemin deux fois plus long qui aurait été maintenu au niveau du fond de la vallée; il n'y a d'ailleurs actuellement qu'un transport peu considérable, et la dépense obligée pour le passage des contreforts laisse à la navigation de la Loire un avantage marqué toutes les fois que les eaux sont à la hauteur convenable. Il n'y a donc encore rien d'étonnant à ce que ce chemin ne rende que que des intérêts médiocres; je parlerai encore ici d'un autre chemin, de celui qui est assez généralement réputé en France comme chemin-modèle, du chemin du Liverpool à Manchester.

Ce chemin a, dans son cours, une hauteur à franchir, qui est d'environ 25 mètres; en appliquant le même principe, on voit qu'il y aurait un avantage à alonger le trajet de 10,000 mètres, pour éviter cette montée, ou mieux encore à y dépenser en tranchées et souterrains une

somme de 3 millions, pour y établir une ligne horizontale. Il est à présumer qu'on aurait pu le faire avec cette somme ; mais quand la dépense
devrait encore être plus grande, je dis qu'il serait toujours avantageux
de la faire ; car, non-seulement, on diminuerait les frais de traction calculés pour le passage de cette hauteur ; mais, comme il n'existerait plus
sur ce chemin que des pentes d'un millimètre, on aurait la faculté d'y
établir des machines spéciales pour la plus grande vitesse, et de leur
faire remarquer des convois doubles de ceux qu'elles conduisent actuellement ; on pourrait ainsi baisser les tarifs des transports, et faire cesser la
concurrence du canal voisin de ce chemin qui, malgré ses tarifs élevés,
n'est profitable aux actionnaires que par le grand nombre de voyageurs. On doit conclure de ces exemples que l'économié des transports
dépend essentiellement de la manière dont le chemin est tracé, et de la
douceur des pentes qui y existent, et que l'on doit faire les plus grands
sacrifices pour éviter toutes contrepentes.

SIXIÈME APPLICATION DU TABLEAU DE LOCOMOTION.

*Considérations générales sur l'établissement de la grande ligne de com-
munication entre les villes du Hâvre et de Marseille.*

Lorsque le gouvernement a présenté le projet de loi pour obtenir
les 500,000 fr. destinés aux études des chemins de fer, sa demande était
formulée : *pour des études de chemins de fer, et spécialement d'une
ligne de Marseille au Hâvre.* La presse avait retenti de l'importance de
cette grande ligne, qui seule peut résoudre le problème de la jonction
de la Méditerranée à la Manche, c'est-à-dire y rendre en même temps
facile et avantageux pour les marchandises le transit d'une mer à l'autre
en passant par l'intérieur de la France ; en vain dans l'état actuel du
commerce y a-t-il, par le moyen des rivières et canaux, communication entre ces mers, la jonction n'est que nominale, et je ne crois pas
qu'il soit encore passé par cette voie une seule tonne de marchandises
expédiée soit du Hâvre pour Marseille, soit de Marseille pour le Hâvre.

Cependant, il suffit de jeter les yeux sur la carte d'Europe pour reconnaître combien il serait important que cette communication pût avoir lieu, soit pour le transit total d'une mer à l'autre; soit pour apporter les marchandises aux entrepôts de Paris, ou pour établir les communications du Hâvre et de Marseille avec l'intérieur de l'Allemagne, par des embranchemens dirigés sur Strasbourg et Mulhausen, des vallées de la Seine et de la Saône; l'importance de ce transit se trouve encore immensément augmentée par ce fait, désormais constant, qu'un chemin de fer va être établi de Suez à la Méditerranée; et qu'ainsi les marchandises les plus précieuses des Indes, transportées sur la mer Rouge par bâtimens à vapeur, et de la mer Rouge à Alexandrie, viendront sillonner la Méditerranée, où le besoin de charbon les conduit de toute nécessité dans une des îles Baléares; qu'on se les représente à ce point, que l'on calcule la dépense qu'elles auront encore à supporter par cette navigation à vapeur pour se rendre de là en Angleterre, la durée et le danger de cette navigation en suivant le développement des côtes de toute la Péninsule, et que l'on juge si, trouvant entre Marseille et le Hâvre un moyen de transport rapide, économique et sûr, les proprietaires de ces précieuses cargaisons ne viendraient pas avec empressement y réclamer le transit.

En vain, dira-t-on que l'esprit national des Anglais s'opposerait à l'adoption de ce système; l'intérêt est le premier guide en affaires; et le transit se ferait par la France comme par l'Égypte s'il diminuait les dépenses qui auraient lieu d'autre manière, pour transport, assurances, et intérêts des capitaux de la valeur des marchandises; nous voyons d'ailleurs heureusement s'éloigner rapidement ces préventions, que de longues guerres avaient semées entre deux peuples faits pour s'estimer et s'aider, et le transit dont nous parlons serait un moyen de plus de cimenter une union désirée maintenant des deux parts.

Ces considérations présentées au commencement de 1833 semblaient avoir frappé l'attention du gouvernement, et l'énoncé de son projet de loi en fournissait pour ainsi dire la preuve: c'était spécialement pour l'étude de ce grand projet qu'il demandait des fonds; ce devait donc être le premier à examiner, il devait l'être dans son ensemble, car de la mauvaise disposition d'une des parties peut dépendre le non succès du tout ; malheureusement les regards de l'administration semblent se détourner maintenant de ce but primitif du projet, et n'avoir plus en vue que de faciliter aux voyageurs l'accès de la capitale.

Les projets qu'elle vient de présenter, tendent à concéder à une compagnie le monopole des transports sur la ligne importante comprise entre Paris et le Hâvre, avec des tarifs si élevés qu'ils rendraient impossible la réalisation du transit, dont on paraît ainsi avoir perdu l'espoir, lorsqu'on peut dire que cette question si importante a été à peine effleurée.

Je dis que les tarifs proposés seraient exorbitans, considérés sous le rapport des besoins du commerce ; mais comme les projets sont faits en admettant beaucoup de pentes pour n'abréger que de très-peu le chemin ; et comme le choix de cette direction nécessite des travaux extrêmement dispendieux, à tel point que le prix d'une lieue de ces chemins est de moitié plus élevé que dans la plaine, et attendu que renonçant au transport des marchandises, qui maintenant suivent les voies navigables, on n'aurait qu'un faible tonnage, sur lequel devrait se répartir tout l'intérêt des capitaux, le tarif proposé ne serait peut-être pas encore très-utile à la compagnie.

Mais que l'on veuille, en suivant les principes développés dans cet écrit, chercher les lignes horizontales pour l'établissement du tracé, ce dont la facilité a déjà été démontrée dans le mémoire remis à ce sujet à M. le Directeur général, le 19 juin 1833 : que l'on se rapproche du point où se fait actuellement le commerce, pour en recevoir tous les produits, alors il y aura un énorme tonnage sur lequel pourra se faire la répartition des intérêts du capital ; les frais de traction sur le chemin de niveau seront réduits à leur minimum, et le tarif qui à 15 centimes serait peut-être peu productif, réduit à 5, ou même à 4 pour les marchandises de bas prix, pourrait offrir aux compagnies des bénéfices beaucoup plus grands ; alors, mais alors seulement pourrait se réaliser la jonction si désirée des mers.

Pour que cette jonction pût avoir lieu sans entraves, il semblerait en-core nécessaire que le projet fût présenté aux spéculateurs, tel que d'a-bord il l'avait été à la Chambre, c'est-à-dire dans son ensemble, *ligne du Hâvre à Marseille,* qu'il n'y eût pour l'exploiter qu'une seule administra-tion; car on concevra facilement que si un convoi de bâtimens se présente au port de Marseille, incertain s'il continuera sa route par mer pour se rendre dans le nord de l'Europe, ou s'il demandera le transit, il faut que le directeur de Marseille puisse traiter pour la destination du Hâvre; que les ordres qu'il donnera, pour des cas extraordinaires, puis-sent être exécutés partout. Ce serait en un mot de l'ensemble parfait de l'entreprise que pourrait naître son succès.

Pour se faire une idée des probabilités de réussite d'une pareille en-treprise, si le projet suivait les vallées, il faut se représenter que, dans ce cas, le tracé de Marseille au Hâvre s'approcherait presque partout de la ligne horizontale; qu'en admettant pour les marchandises la vitesse de quatre lieues à l'heure, les frais de traction, y compris dépenses d'entretien, n'y seraient pas plus de 2 centimes et 1/2, ou au maximum 3 centimes. Qu'en admettant le tarif de 4, ainsi que cela serait possible, pour les marchandises communes, le prix du transport de la tonne, du Hâvre à Marseille ou de Marseille au Hâvre, ne s'éleverait qu'à 44 fr.; que ce prix est de beaucoup inférieur à celui des transports par mer, et surtout à celui des transports au moyen de la navigation à vapeur, aux-quels il faut ajouter les assurances et intérêt d'argent pendant la durée du trajet; que ce trajet aurait lieu en cinq jours par la voie de terre, tan-dis qu'il dure souvent plus de deux mois par la voie de mer ordinaire; que les tarifs pourraient être plus élevés pour les marchandises précieu-ses; que pour le seul commerce intérieur le tonnage moyen serait de plus de 300,000 tonnes; que le nombre de voyageurs, qui s'est si pro-digieusement augmenté entre Châlons et Lyon depuis l'établissement des bateaux à vapeur, aurait partout nécessairement un accroissement proportionnel, lorsqu'à des facilités encore plus grandes se joindrait une moindre dépense; enfin, qu'en admettant pour le tarif les bases que nous avons indiquées, il y aurait presque certitude d'un produit de plus de 10 p. 0/0, sans rien compter du transit que l'on peut espérer des marchandises qui viendront de l'Inde, dès que le passage sera ouvert ; que dès-lors le Gouvernement, en se chargeant de garantir un intérêt de 4, avec réserve de la faculté de baisser les tarifs lorsque le produit monterait à 10, n'aurait rien à débourser, trouverait immédiatement tous les fonds nécessaires à l'exécution de la ligue entière, et assurerait, autant qu'il est possible, les intérêts de l'industrie, et ceux bien entendus de l'État.

TABLEAU DE LOCOMOTION SUR LES CHEMINS DE FER.

Emploi des chevaux.

Cheval marchant avec un effort de 50 kilogrammes. Vitesse, 1 lieue à l'heure; travail, 9 heures. Prix, 4 fr. 50 c.					Sommes du coefficient des frottemens et du sinus d'inclinaison des rails exprimées en décimales de l'unité.	Cheval marchant avec un effort de 40 kilogrammes. Vitesse, 2 lieues; travail, 4 heures. Prix, 5 fr.				
Nombre de chevaux nécessaire pour trainer un convoi de 50 tonnes.	Poids total trainé par un cheval.	Poids net.	Nombre de tonnes transportées par la journée du cheval à 1 kilomètre de distance.	Frais de traction par tonne et kilomèt.		Nombre de chevaux nécessaire pour trainer un convoi de 50 tonnes.	Poids total trainé par un cheval.	Poids net.	Nombre de tonnes transportées par la journée du cheval à 1 kilomètre de distance.	Frais de traction par tonne et kilomèt.
		t.	ton.	f. c.	mill. 0,000,0		t.	t.	ton.	fr. c.
½	100	66,7	2,400	0,19	0,5	0,63	80	53	1,696	0,30
1	50	33,3	1,200	0,38	1,0	1,25	40	26,5	848	0,59
1,5	33,3	22,2	800	0,56	1,5	1,88	26,7	17,8	569	0,88
2	25	16,7	600	0,75	2,0	2,50	20	13,3	427	1,16
2,5	20	13,3	480	0,94	2,5	3,13	16	10,7	341	1,47
3	16,7	11,1	400	1,02	3,0	3,75	13,3	8,9	285	1,78
3,5	14,3	9,5	343	1,30	3,5	4,38	11,4	7,6	244	2,10
4	12,5	8,3	300	1,50	4,0	5,00	10	6,7	213	2,40
4,5	11,1	7,4	267	1,68	4,5	5,63	8,9	5,9	190	2,60
5	10,0	6,7	240	1,87	5,0	6,25	8	5,3	171	2,90
5,5	9,1	6,1	218	2,06	5,5	6,88	7,3	4,8	155	3,16
6	8,3	5,5	200	2,25	6,0	7,50	6,7	4,4	142	3,52
6,5	7,7	5,1	184	2,45	6,5	8,13	6,3	4,1	131	3,81
7	7,1	4,8	171	2,63	7,0	8,75	5,7	3,8	122	4,10
7,5	6,7	4,4	160	2,81	7,5	9,38	5,3	3,6	114	4,38
8	6,2	4,2	150	3,00	8,0	10,00	5	3,3	106	4,71
8,5	5,9	3,9	141	3,19	8,5	10,63	4,7	3,1	100	5,00
9	5,6	3,7	133	3,38	9,0	11,25	4,4	3,0	95	5,26
9,5	5,3	3,5	126	3,57	9,5	11,88	4,2	2,8	90	5,50
10	4,0	3,3	120	3,75	10,0	12,50	4,0	2,7	85	5,88
12	3,2	2,8	100	4,50	12	15,00	3,3	2,2	71	7,04
14	3,6	2,4	86	5,17	14	17,50	2,9	1,9	61	8,20
16	3,1	2,1	75	6,00	16	20,0	2,5	1,7	53	9,43
18	2,8	1,8	66	6,80	18	22,5	2,2	1,5	47	10,63
20	2,5	1,7	60	7,50	20	25,0	2,0	1,3	43	11,63
22	2,3	1,5	55	8,18	22	27,5	1,8	1,2	39	12,82
24	2,1	1,4	50	9,00	24	30,0	1,7	1,1	36	14,00
26	1,9	1,3	46	9,78	26	32,5	1,5	1,0	33	15,15
28	1,8	1,2	43	10,50	28	35,0	1,4	0,95	31	16,20
30	1,7	1,1	40	11,25	30	37,5	1,3	0,9	29	17,5
32	1,6	1,04	37	12,06	32	40,0	1,2	0,85	27	18,50
34	1,5	0,98	35	12,86	34	42,50	1,15	0,8	25	19,80
36	1,4	0,93	33	13,51	36	45,0	1,10	0,75	24	21,00
38	1,3	0,88	32	14,19	38	47,5	1,05	0,70	22	22,32
40	1,25	0,83	30	15,00	40	50,0	1,00	0,67	21,5	23,36
42	1,2	0,79	28,6	15,73	42	52,50	0,95	0,64	20,5	24,40
44	1,15	0,76	27,4	16,42	44	55,0	0,90	0,61	19,5	25,60
46	1,10	0,72	26,2	17,17	46	57,50	0,85	0,58	18,5	26,90
48	1,05	0,69	25,0	18,00	48	60,0	0,83	0,55	17,5	28,40
50	1	0,67	24	18,75	50	62,50	0,80	0,53	17,0	29,40
52	0,95	0,64	23	19,58	52	65,0	0,77	0,51	16,5	30,70
54	0,90	0,62	22,3	20,00	54	67,50	0,74	0,50	16,0	31,25

TABLEAU DE LOCOMOTION SUR LES CHEMINS DE FER.

Emploi des chevaux.

Cheval marchant avec un effort de 30 kilogrammes, vitesse, 3 lieues à l'heure; travail 2 heures ¼. Prix : 5 fr. 50 c. par jour.					Sommes du coefficient des frottemens et du sinus d'inclinaison des rails exprimées en décimales de l'unité.	Cheval marchant avec un effort de 20 kilogrammes. Vitesse, 4 lieues à l'heure, travail 1 heure ¼. Prix, 6 fr. par jour.				
Nombre de chevaux nécessaires pour traîner un convoi de 50 tonnes.	Poids total traîné par un cheval.	Poids net.	Nombre de tonnes transportées dans la journée du cheval à 1 kilomèt. de distance.	Frais de traction par tonne et kilomètre.		Nombre de chevaux nécessaires pour traîner un convoi de 50 tonnes.	Poids total traîné par un cheval.	Poids net.	Nombre de tonnes transportées dans la journée du cheval à 1 kilomèt. de distance.	Frais de traction par tonne et kilomètre.
	ton.		ton.	f. c.	mill. 0,000,0		ton.		ton.	f. c.
¾	60	40	1,120	0,00,05	0,5	1¼	40	26,50	640	0,00,9
1	30	20	560	1,00	1,0	2½	20	13,25	320	1,9
2	20	13,33	373	1,50	1,5	3¾	13,33	8,89	213	2,8
3	15	10	280	2,00	2,0	5	10	6,67	160	3,7
4	12,40	8,26	231	2,40	2,5	6¼	8,26	5,31	128	4,6
5	10	6,67	198	2,75	3,0	7½	6,67	4,44	107	5,6
5	8,57	5,71	160	3,40	3,5	8¾	5,71	3,81	91	6,6
6	7,50	5	140	3,90	4,0	10	5	3,33	80	7,5
7	6,67	4,44	124	4,60	4,5	11¼	4,44	2,97	71	8,5
8	6	4	110	5,00	5,0	12½	4	2,67	64	9,4
9	5,45	3,62	101	5,50	5,5	13¾	3,62	2,42	58	10,3
10	5	3,33	93	5,90	6,0	15	3,33	2,22	53	11,3
10	4,62	3,08	86	6,40	6,5	16¼	3,08	2,06	49	12,3
11	4,29	2,86	80	6,90	7,0	17½	2,86	1,91	45	13,3
12	4	2,67	75	7,30	7,5	18¾	2,67	1,78	42	14,2
13	3,75	2,50	70	7,90	8,0	20	2,50	1,67	40	15
14	3,53	2,36	66	8,30	8,5	21¼	2,36	1,57	38	15,8
15	3,33	2,22	62	8,90	9,0	22½	2,22	1,48	36	16,7
15	3,16	2,10	59	9,30	9,5	23¾	2,10	1,40	34	17,6
16	3	2	56	9,80	10	25	2	1,33	32	18,6
20	2,50	1,67	47	11,70	12	30	1,67	1,11	27	22,2
23	2,14	1,41	39	14,10	14	35	1,41	0,95	23	26
26	1,90	1,27	35	15,70	16	40	1,27	0,84	20	30
30	1,67	1,11	31	17,50	18	45	1,11	0,74	18	33,3
33	1,50	1	28	19,60	20	50	1	0,67	16	37,5
36	1,36	0,91	25	22,50	22	55	0,91	0,60	14	43
40	1,25	0,82	23	24,00	24	60	0,82	0,56	13	46
43	1,15	0,77	22	25,40	26	65	0,77	0,52	12	50
46	1,07	0,71	20	27,50	28	70	0,71	0,48	11,3	53,1
50	1	0,67	19	29,00	30	75	0,67	0,44	10,6	55,5
53	0,94	0,62	17,4	31,60	32	80	0,62	0,41	9,8	61
56	0,88	0,59	16,5	33,30	34	85	0,59	0,38	9,1	66
60	0,83	0,55	15,4	35,70	36	90	0,55	0,36	8,6	70
63	0,79	0,53	14,8	37,10	38	95	0,53	0,35	8,3	72,5
66	0,75	0,50	14	39,30	40	100	0,50	0,33	8	75
70	0,71	0,48	13,4	41	42	105	0,48	0,32	7,7	78
73	0,68	0,45	12,8	44	44	110	0,45	0,31	7,4	81
76	0,65	0,43	12,2	45,50	46	115	0,43	0,30	7,1	84
80	0,63	0,42	11,7	47	48	120	0,42	0,28	6,8	88
83	0,60	0,40	11,2	49	50	125	0,40	0,27	6,5	92
86	0,58	0,39	10,8	51	52	130	0,39	0,26	6,3	96
90	0,56	0,37	10,4	53	54	135	0,37	0,25	6	1,00

TABLEAU DE LOCOMOTION SUR LES CHEMINS DE FER.

Emploi d'une machine locomotive disposée de manière à produire sa plus grande quantité d'action, en parcourant quatre lieues à l'heure, la vapeur étant comprimée à 4 atmosphères.

Machine travaillant avec effort de 600 kilogrammes ; tension totale de la vapeur, 4 atmosphères ; vitesse, 4 lieues à l'heure, au prix de 20 fr. par heure. — **Sommes du coefficient des frottemens et du sinus d'inclinaison des rails exprimées en décimales de l'unité.** — **Machine travaillant avec effort de 440 kilogrammes ; tension totale de la vapeur, 3 atmosphères et ½ ; vitesse, 5 lieues à l'heure, au prix de 22 fr. par heure.**

Poids du convoi y compris la machine.	Poids non compris la machine ni son char.	Poids net.	Nombre de tonnes transportées dans 1 heure à un kilomètre	Frais de traction par tonne et kilomètre.	Sommes du coefficient des frottemens et du sinus d'inclinaison des rails exprimées en décimales de l'unité.	Poids du convoi y compris la machine.	Poids non compris la machine ni son char.	Poids net.	Nombre de tonnes transportés dans 1 heure à un kilomètre.	Frais de traction par tonne et kilomètre.
t			t.	fr. c.	mill.					fr. c.
				0,00,00	0,000,0					
1,200	1,188	789	12,624	0,00,16	0,5	880	868	579	11,580	0,00,20
600	588	392	6,272	32	1,0	440	428	275	5,500	40
400	388	259	4,144	48	1,5	293	281	187	3,740	60
300	288	192	3,072	65	2,0	220	208	139	2,780	80
240	228	152	2,432	83	2,5	176	164	109	2,180	1,00
200	188	125	2,000	1,00	3,0	147	135	90	1,800	1,20
171	159	106	1,696	1,18	3,5	126	114	76	1,516	1,42
150	138	92	1,472	1,36	4,0	110	98	65	1,306	1,69
133	121	80,7	1,291	1,55	4,5	98	86	57	1,144	1,93
120	108	72	1,152	1,74	5,0	88	76	53	1,054	2,15
109	97	65,7	1,051	1,90	5,5	80	68	45	906	2,40
100	88	58,7	939	2,13	6,0	73	61	41	818	2,68
92	80	53,3	853	2,34	6,5	68	56	37	742	2,95
86	74	49,3	789	2,53	7,0	64	52	35	692	3,20
80	68	45,3	725	2,76	7,5	59	47	31	623	3,54
75	63	41,	656	3,02	8,0	55	43	29	574	3,86
70,6	58,6	38,1	610	3,28	8,5	52	40	27	531	4,15
66,6	54,6	36,4	582	3,45	9,0	49	37	25	492	4,50
63	51,0	34,0	544	3,64	9,5	46	34	23	457	4,80
60	48,0	32,0	512	3,91	10,0	44	32	21	426	5,11
50	38,	25,3	405	4,93	12	37	25	17	331	6,70
42,6	30,6	20,4	326	6,10	14	31	19	13	259	8,40
36,4	24,4	16,3	261	7,70	16	27	15	10	207	10,50
33,0	21,0	14,0	224	8,90	18	24	12	8	165	13,70
30,	18,0	12,0	192	10,40	20	22	10	7	133	16,90
27,3	15,3	10,2	163	12,27	22	20	8	5	107	20,00
25,	13,0	8,7	139	14,39	24	18	6	4	84	26,20
23,1	11,1	7,4	118	17,00	26	17	5	3	65	34,00
21,4	9.4	6,4	102	19,6	28	16	4	2,5	49	45,
20,	8,0	5,3	85	23,5	30	15	3	2	36	61,
18,8	6,8	4,5	72	27,8	32	14	2	1,3	24	90,
17,6	5.6	3,7	59	34,0	34	13	1	0,6	13	1,70,
16,7	4,7	3,1	50	40,0	36	12	0	0,0	00	
15,8	3,8	2,5	40	50,0	38					
15,0	3,0	2,0	32	62,5	40					
14,3	2,3	1,5	24	83,0	42					
13,7	1,7	1,1	18	1,11	44					
13.0	1,0	0,7	11	1,82	46					
12,5	0,5	0,3	5	4,00	48					
12					50					
					52					
					54					

TABLEAU DE LOCOMOTION SUR LES CHEMINS DE FER.

Emploi d'une machine locomotive, disposée de manière à produire sa plus grande quantité d'action, en parcourant quatre lieues à l'heure, la vapeur étant alors comprimée à 4 atmosphères.

Machine travaillant avec effort de 330 kilogrammes ; tension totale de la vapeur, 2 atmosphères $\frac{1}{7}$; vitesse, 6 lieues à l'heure, au prix de 24 fr. par heure.					SOMME du coefficient des frottemens et du sinus d'inclinaison des rails, exprimées en décimales de l'unité.	Machine travaillant avec effort de 230 kilogrammes ; tension totale de la vapeur, 2 atmosphères $\frac{1}{7}$; vitesse, 7 lieues à l'heure, au prix de 26 fr. par heure.				
POIDS du convoi y compris la machine.	POIDS non compris la machine ni son char.	POIDS net.	NOMBRE de tonnes transportées dans 1 heure à un kilomètre.	FRAIS de traction par tonne et kilomètr.		POIDS du convoi y compris la machine.	POIDS non compris la machine ni son char.	POIDS net.	NOMBRE de tonnes transportées dans 1 heure à un kilomètre.	FRAIS de traction par tonne et kilomètre.
				fr. c.	mill.					fr. c.
				0,00,00	0,000,0					
660	648	432	10,363	0,23	0,5	460	448	299	8,372	0,00,32
330	318	212	5,088	0,47	1,0	230	218	145	4,060	64
220	208	138,70	3,336	0,72	1,5	153	141	94	2,632	1,00
165	153	102,00	2,448	0,98	2,0	115	103	68,7	1,934	1,37
132	120	80,00	1,920	1,25	2,5	92	80	53	1,484	1,73
110	98	65,30	1,567	1,53	3,0	77	65	43,3	1,212	2,17
94,3	82,3	54,87	1,318	1,82	3,5	65,7	53,7	35,8	1,002	2,60
82,5	70,5	47,00	1,128	2,12	4,0	57,5	45,5	30,3	849	3,00
73,3	61,3	40,87	982	2,45	4,5	51,1	39,1	26,1	730	3,56
66,0	54,0	36,00	864	2,80	5,0	46,0	34	22,7	635	4,00
60,0	48,0	32,00	768	3,12	5,5	41,8	29,8	19,9	557	4,60
55,0	43,0	28,67	689	3,18	6,0	38,3	26,3	17,5	490	5,30
50,8	38,8	25,87	622	3,87	6,5	35,4	23,4	15,9	445	5,80
47,1	35,1	23,40	562	4,28	7,0	32,9	20,9	13,9	389	6,7
44,0	32,0	21,33	511	4,70	7,5	30,7	18,7	12,5	350	7,4
41,2	29,2	19,47	468	5,10	8,0	28,7	16,7	11,1	311	8,4
38,8	26,8	17,57	430	5,60	8,5	27,1	15,1	10,0	280	9,3
36,7	24,7	16,47	406	5,90	9,0	25,5	13,5	9,0	252	10,4
34,7	22,7	15,13	362	6,70	9,5	24,2	12,2	8,1	220	11,5
33,0	21	14,00	336	7,10	10,0	23,0	11,0	7,3	204	12,7
27,5	15,5	10,33	247	9,70	12	19,2	7,2	4,8	134	19,4
23,6	11,6	7,73	186	12,60	14	16,4	4,4	2,9	82	32,0
20,6	8,6	5,73	137	17,10	16	14,4	2,4	1,6	38	68,0
18,3	6,3	4,20	101	24,00	18	12,8	0,8	0,5	13	2,00,0
16,5	4,5	3,00	72	33,00	20					
15,	3,0	2,00	48	50,00	22					
13,8	1,8	1,2	29	80,00	24					
12,7	0,7	0,47	12	2,00,00	26					
					28					
					30					
					32					
					34					
					36					
					38					
					40					
					42					
					44					
					46					
					48					
					50					
					52					
					54					

TABLEAU DE LOCOMOTION SUR LES CHEMINS DE FER.

Emploi d'une machine locomotive donnant son maximum d'effet par une vitesse de quatre lieues à l'heure.

Emploi d'une machine de même force donnant son maximum d'effet par une vitesse de huit lieues à l'heure.

Machine travaillant avec effort de 200 kilogrammes; tension totale de la vapeur, 2 atmosphères; vitesse, 8 lieues à l'heure, au prix de 28 francs par heure.					Sommes du coefficient des frottemens et du sinus d'inclinaison des rails exprimées en décimales de l'unité.	Machine travaillant avec effort de 300 kilogrammes; tension totale de la vapeur, 4 atmosphères; vitesse, 8 lieues à l'heure, au prix de 28 francs par heure.				
Poids du convoi, y compris la machine.	Poids non compris la machine ni son char.	Poids net.	Nombre de tonnes transportées dans 1 heure à un kilomètre.	Frais de traction par tonne et kilomètre.		Poids du convoi, y compris la machine.	Poids non compris la machine ni son char.	Poids net.	Nombre de tonnes transportées dans 1 heure à un kilomètre.	Frais de traction par tonne et kilomètre.
				fr. c.	mill.					fr. c.
				0,00,00	0.000,0					
400	388	259	8,288	0,34	0,5	600	588	393	12,544	0,00,23
200	188	125	4,000	0,70	1,0	300	288	192	6,144	0,46
133	121	81	2,592	1,08	1,5	200	188	125	4,000	0,70
100	88	59	1,888	1,48	2,0	150	138	92	2,984	0,93
80	68	45,3	1,450	1,93	2,5	120	108	72	2,304	1,21
66,7	54,7	36,5	1,168	2,40	3,0	100	88	59	1,888	1,47
57,0	45,	30,0	960	2,90	3,5	86	74	49	1,568	1,75
50,0	38,	25,3	810	3,45	4,0	75	63	41	1,344	2,09
44,5	32,5	21,7	694	4,04	4,5	67	55	37	1,184	2,37
40,	28,	18,7	598	4,60	5,0	60	48	32	1,024	2,74
36,4	24,4	16,3	522	5,4	5,5	55	43	28,7	918	3,04
33,3	21,3	14,2	454	6,2	6,0	50	38	25,3	810	3,45
30,8	18,8	12,6	403	7,0	6,5	46	34	22,7	726	3,85
28,6	16,6	11,1	355	7,9	7,0	43	31	20,7	662	4,23
26,7	14,7	9,8	318	8,8	7,5	40	28	18,7	598	4,67
25,	13,0	8,7	278	10,0	8,0	37,5	25,5	17,0	544	5,16
23,6	11,6	7,7	246	11,4	8,5	35,3	23,3	15,5	496	5,64
22,2	10,2	6,8	218	12,8	9,0	33,3	21,3	14,2	454	6,16
21,1	9,1	6,0	192	14,6	9,5	31,5	19,5	13,0	416	6,73
20,0	8,0	5,3	170	16,5	10,0	30,0	18,0	12,0	384	7,30
16,7	4,7	3,1	100	28,0	12	25,0	13,0	8,7	278	10,07
14,3	2,3	1,6	51	55,0	14	21,3	9,3	6,2	198	14,14
12,5	0,5	0,3	10	2,80,	16	18,2	6,2	4,1	131	21,36
11,0	0,0	0,0	00		18	16,5	4,5	3,0	96	29,16
10,0	0,0	0,0	00		20	15,0	3,0	2,0	64	43,75
					22	13,7	1,7	1,2	38	73,70
					24	12,5	0,5	0,3	10	2,80.00
					26					
					28					
					30					
					32					
					34					
					36					
					38					
					40					
					42					
					44					
					46					
					48					
					50					
					52					
					54					

RÉSUMÉ DU TABLEAU DE LA LOCOMOTION SUR LES CHEMINS DE FER.

Valeur des frais de traction.

VALEURS de C + S.	En employant des chevaux.				En employant des machines locomotives					
					COMMUNES.					SPÉCIALES.
	Vitesse de 1 lieue par heure.	Vitesse de 2 lieues par heure.	Vitesse de 3 lieues par heure.	Vitesse de 4 lieues par heure.	Vitesse de 4 lieues par heure.	Vitesse de 5 lieues par heure.	Vitesse de 6 lieues par heure	Vitesse de 7 lieues par heure.	Vitesse de 8 lieues par heure.	Vitesse de 8 lieues par heure.
mill. 0,000,0	f. c.	f. c.	f. c.	f. c.	f. c.	f. c.	f. c.	f. c.	f. c.	f. c.
0,5	0,00,19	0,00,30	0,00,50	0,00,90	0,00,16	0,00,20	0,00,23	0,00,32	0,00,34	0,00,23
1,0	38	39	,1,0	1,9	32	40	47	64	0,70	46
1,5	56	88	1,5	2,8	48	60	72	1,00	1,08	70
2,0	75	1,16	2,0	3,7	65	80	98	1,37	1,48	93
2,5	94	1,47	2,4	4.6	83	1,00	1,25	1,73	1,93	1,21
3,0	1,02	1,78	2,75	5,6	1,00	1,20	1,53	2,17	2,40	1,47
3,5	1,30	2,10	3,40	6,6	1,18	1,42	1,82	2,60	2,90	1,75
4,0	1,50	2,40	3,90	7,5	1,36	1,69	2,12	3,00	3,45	2,09
4,5	1.68	2,60	4,60	8,5	1,55	1,93	2,45	3,56	4,04	2,37
5,0	1,87	2,90	5,00	9,4	1,76	2,15	2,80	4,00	4,60	2,74
5,5	2,06	3,16	5,50	10,3	1,90	2,40	3,12	4,60	5,40	3,04
6,0	2,25	3,52	5,90	11,3	2,13	2,68	3,48	5,30	6,20	3,45
6,5	2,45	3,81	6,40	12,3	2,34	2,95	3,87	5,80	7,0	3,85
7,0	2,63	4,10	6,90	13,3	2,53	3,20	4,28	6,70	7,9	4,23
7,5	2,81	4,38	7,30	14,2	2,76	3,54	4,70	7,40	8,8	4,67
8,0	3,00	4,71	7,90	16,0	3,02	3,86	5,10	8,4	10,0	5,16
8,5	3,19	5,00	8,30	15,8	3,28	4,15	5,60	9,3	11,4	5,64
9,0	3,38	5,26	8,90	16,7	3,45	4,50	5,90	10,4	12,8	6,16
9,5	3,57	5,50	9,30	17,6	3,64	4,80	6,70	11,5	14,6	6,73
10	3,75	5,88	9,80	18,6	3,91	5,11	7,10	12,7	16,5	7,30
12	4,50	7,04	11,70	22,2	4,93	6,70	9,70	19,4	28,0	10,07
14	5,17	8,20	14,10	26,0	6,10	8,40	12,60	32,0	55,0	14,14
16	6,00	9,43	15,70	30,0	7,70	10 50	17,10	68,0	2,80,0	21,36
18	6,80	10,63	17,50	33,3	8,90	13,70	24,00	2,00,0		29,16
20	7,50	11,63	19,60	37,5	10,40	16,90	33,00			43,75
22	8,18	12,82	22,50	43,0	12,27	20,00	50,00			73,70
24	9,00	14,00	24,00	46,0	14,39	26,20	80,00			2,80,00
26	9,78	15,15	25,40	50,0	17,00	34,00	2,00,00			
28	10,50	16,20	27,50	53,1	19,6	45,00				
30	11,25	17,25	29,00	56,5	23 5	61,00				
32	12,16	18,50	31,60	61,0	27,8	90,00				
34	12,86	19,80	33,30	66,0	34,0	1,70,00				
36	13,51	21,00	35,70	70,0	40,0					
38	14,19	22,32	37,10	72,5	50,0					
40	,15,00	23,36	39,30	75,0	62,5					
42	15,73	24,40	41,00	78,0	83,0					
44	16,42	25,60	44,00	81,0	1,11					
46	17,17	26,90	45,50	84,0	1,82					
48	18,00	28,40	47,00	88,0	4,00					
50	18,75	29,40	49,00	92,0						
52	19,48	30,70	51,00	96,0						
54	20,00	31,25	53,00	1,00,0						

TABLEAU DE LA LOCOMOTION SUR LES CHEMINS DE FER.

Septième partie, rédigée pour servir à la détermination des pentes normales.

Frais de traction, entretien et intérêts par tonne et par kilomètre.						Pentes du chemin.	Longueur pour monter 10 mètres.	Coefficient total (c+s)	Frais de traction, intérêts et entretien pour la montée de 10 mètres.					
Vitesse de 4 lieues.	Vitesse de 5 lieues.	Vitesse de 6 lieues.	Vitesse de 7 lieues	Vitesse de 8 lieues.	Vitesse de 8 lieues bis.				Vitesse de 4 lieues.	Vitesse de 5 lieues.	Vitesse de 6 lieues.	Vitesse de 7 lieues	Vitesse de 8 lieues.	Vitesse de 8 lieues bis.
fr. c.	fr. c.	fr. c.	fr. c.	fr. c.	fr. c.	m. mil.	kil. m.	m. mil.	fr. c.	fr. c.	fr. c.	fr. c.	fr. c.	fr. c.
0,06,02	0 08,86	0,08,10	0,11,40	0,13,00	0,08,16	0,003	3,333	0,008	0,20	0,21,90	0,27,00	0,37,00	0,43,33	0,27,20
6,28	7,15	8,50	12,3	14,40	8,64	3,5	2,857	8,5	12,91	20,43	24,30	35,14	41,14	24,68
6,15	7,50	8,90	13,40	15,10	9,16	4	2,500	9	16,10	18,75	22,25	33,50	39,50	22,90
6,04	7,80	9,50	14,30	17,60	9,73	* 4,5	2,222	9,5	14,75	17,33	21,11	32,20	* 38,72	21,60
6,91	8,11	10,10	15,70	19,50	10,30	5	2,000	10	13,82	16,22	20,20	31,40	39,00	20,60
7,16	8,44	10,70	17,10	22,00	10,90	5,5	1,818	10,5	13,02	15,44	19,45	31,10	40,00	19,82
7,41	8,88	11,30	18,60	24,80	11,50	* 6	1,667	11	12,35	14,80	18,84	* 31,00	41,34	19,17
7,63	9,28	14,00	20,30	27,80	12,20	6,5	1,538	11,5	11,78	14,27	18,46	31,22	42,76	18,76
7,90	9,70	12,70	22,40	31,00	13,07	7	1,429	12	11,29	13,86	18,15	32,00	44,30	18,68
8,20	10,12	13,40	24,90	35,00	14,00	7,5	1,333	12,5	10,93	13,49	17,86	33,19	46,46	18,66
8,50	10,54	14,10	27,80	41,00	14,90	0 * 8	1,250	13	10,62	13,18	17,62	34,62	0 50,00	* 18,62
8,80	10,97	14,80	31,10	48,00	16,00	* 8,5	1,176	13,5	10,35	12,90	17,30	35,57	56,45	18,81
9,10	11,40	15,60	35,00	58,00	17,14	0 9	1,111	14	10,11	12,65	17,33	0 38,88	64,39	19,01
9,50	11,87	16,50	41,00	73,00	18,40	9,5	1,053	14,5	10	12,50	17,37	43,17	76,87	19,37
9,90	12,37	17,60	49,00	98,00	20,30	10	1,000	15	9,90	12,37	17,60	49,00	98,00	20,30
10,30	12,91	18,80	59,00	1,50,00	22,50	0 10,5	952	15,5	9,80	12,28	0 17,90	56,17		21,42
10,70	13,50	20,10	71,00		24,34	* 11	909	16	9,73	* 12,27	18,27	64,54		22,18
11,00	14,16	21,60	87,00		26,00	11,5	870	16,5	9,56	12,31	18,79	75,70		22,62
11,30	14,90	23,30	1,09,00		27,90	12	833	17	9,41	12,41	19,41	90,80		23,24
0 11,60	15,75	25,10	1,45,00		29,90	0 12,5	800	17,5	9,28	0,12,60	20,08	116,00		23,92
11,90	16,70	27,00			32,16	13	769	18 *	9,15	12,84	20,76			24,76
12,30	17,50	29,00			35,20	13,5	740	18,5	9,09	12,95	21,46			26,05
12,60	18,30	31,20			38,60	14	714	19	9	13,06	22,28			27,56
13,00	19,10	33,50			42,40	14,5	690	19,5	8,97	13,18	23,11			29,26
13,40	19,90	36,00			46,75	15	667	20	8,93	13,27	24,00			31,22
13,80	20,70	38,80			52,00	15,5	645	20,5	8,90	13,35	25,00			33,54
14,20	21,50	43,00			59,00	* 16	625	21	* 8,87	13,44	26,87			36,87
14,70	22,30	48,00			67,00	16,5	606	21,5	8,90	13,51	29,10			40,60
15,20	23,10	53,00			76,70	17	588	22	8,93	13,58	31,16			45,10
15,70	24,00	59,00				17,5	571	22,5	8,95	13,70	33,69			
16,30	25,30	60,00				18	555	23	9,04	14,04	36,67			

OBSERVATIONS.

Pour la formation de ce tableau, on a supposé le coefficient des frottemens = 0,005, et l'on a ajouté 3 centimes aux frais de traction indiqués dans le tableau précédent, par tonne et kilomètre, pour entretien et intérêts des capitaux.

Les pentes normales, c'est-à-dire celles avec lesquelles on pourrait s'élever avec la moindre dépense à une hauteur donnée, sont désignées par des astérisques correspondans à ceux placés près des nombres qui indiquent les moindres dépenses pour chacune des vitesses données, et sont 16, 11, 8, 5, 6 et 4, 5 pour l'emploi de la machine commune, et 8 millimètres pour l'emploi de la machine spéciale, avec la vitesse de 8 lieues. Si l'on voulait connaître les pentes normales pour les vitesses de 5, 6 et 7 lieues, en employant des machines spécialement faites pour ces vitesses, on les trouverait, par la seule configuration du tableau, être de $0^m,012$ mil., 10,5, et 9 millimètres, ainsi qu'elles sont indiquées par la disposition des zéros.

NOTES.

(1) Lorsque j'ai rédigé les tableaux, je n'avais pas sous la main les tables qui expriment la relation existante entre les températures et les forces élastiques de la vapeur, et j'avais cru pouvoir établir les calculs en supposant les poids de la vapeur proportionnels aux pressions ; j'avais, d'un autre côté, négligé de tenir compte de la force élastique de la vapeur à la sortie du cylindre, force que l'on évalue toujours, au minimum, à un quart d'atmosphère, et qui diminue d'autant l'action de la vapeur intérieure. M'étant procuré ces tables lorsque déjà les tableaux se trouvaient imprimés, et ayant reconnu par leur examen l'importance de tenir compte des différences précitées, et de refaire, dès lors, en partie, le calcul des tableaux pour leur publication définitive ; ne voulant pas cependant en faire ajourner l'examen, je les présente ici sans correction ; mais je vais produire la variante des calculs d'après lesquels j'établirai les forces de traction, selon les différentes vitesses ; ces forces, qui restent les mêmes pour la vitesse de quatre lieues, et pour celle de huit, avec machine spéciale, diminuent pour toutes les autres vitesses, et l'on pourra juger, par leur indication, des différences qui en résulteront dans l'expression des frais de traction.

Comme ces rectifications ne font que présenter la consommation de vapeur moindre qu'on ne l'avait supposée, elles ne peuvent qu'ajouter à la certitude des résultats que l'on doit obtenir par l'emploi des machines décrites.

Il en résulte encore un plus haut degré d'importance pour l'emploi des machines spéciales, et pour l'adoption du système auquel ces machines peuvent convenir, puisque, même sur la ligne horizontale, les frais de traction, par les machines spéciales, se trouvent diminués des deux tiers.

Admettons que la pression totale doive être portée à 4 atmosphères un quart, y compris la pression naturelle, ce qui, en supposant à la vapeur qui s'échappe du cylindre une force élastique de $1 + 1/4$, laisse pour l'action utile, dans l'intérieur du cylindre, une pression de 3 atmosphères, il restera un effort de deux tiers d'atmosphères, ou 343 kilogrammes, employé à vaincre les résistances des frottemens de la machine.

La dépense totale de vapeur sera, pour une lieue parcourue, de 100 mètres cubes sous la pression de 4 atmosphères un quart, et le poids d'un mètre cube de vapeur ainsi comprimée étant de 2 kil. 22, la consommation sera de 222 kil. par lieue, ou 888 kil. par heure ; mais, en ayant égard aux pertes, nous admettrons qu'il pourra être dépensé 1 mètre cube d'eau pour le parcours de quatre lieues.

Cette quantité d'un mètre cube d'eau vaporisée dans une heure, est ce que l'on obtient, au minimum, dans les machines anglaises, au moyen de la combustion de 200 kilogrammes de charbon ; et cette consommation est la dépense habituelle de la machine dite de Jackson qui a été employée aux expériences de MM. les directeurs du chemin de Roanne.

Pour déterminer maintenant la puissance qu'aura la machine, selon ses différens degrés de vitesse, il faut observer que le même poids de vapeur entrant continuellement dans le cylindre, 1 kilogramme de cette vapeur occupera des espaces qui augmenteront proportionnellement aux vitesses.

Or, sous la pression de 4 atmosphères un quart que l'on suppose exister pour la vitesse de quatre lieues, 1 kilogramme de vapeur occupe un espace de. . . . . $0^m,451$

Pour la vitesse de cinq lieues, ce volume sera de. . . . . $0^m,564$

Ce volume correspondant à une force élastique de 3 atmosphères 33, de laquelle déduisant 1 atmosphère 25 pour la pression extérieure, il reste pour la pression active 2 atmosphères 0,8 ; et comme l'effort de 600 kil. résulte de la pression active de 3 atmosphères, celle de 2,08 produira un effort de traction de. . . . . 416 kil.

On trouvera de la même manière que les forces de traction successives seront :

Pour la vitesse de six lieues, de. 266

Pour celle de sept lieues, de. 214

Et pour celle de huit lieues, de. 150

(2) Si l'on calculait d'après ce fait constant, que la machine le Samson a traîné de Liverpool à Manchester, avec une vitesse moyenne de cinq lieues, un convoi de 160 tonnes (son poids compris) en brûlant environ 250 kilogrammes de charbon par heure, on trouverait la quantité d'action, en raison du charbon brûlé, bien plus grande qu'elle n'est indiquée aux tableaux. Si l'on considère ce convoi de 160 tonnes remontant le plan incliné de huyton, d'un centimètre par mètre, on voit que la force de traction aurait dû être de 1600 kilogrammes par le seul fait du poids décomposé, et de 2,400, en y ajoutant la résistance des frottemens supposés = à 0,005 du poids, et l'effet de la machine, en supposant la vitesse réduite à trois lieues, comme il arrive ordinairement à ce passage, aurait encore été de 96 chevaux.

Une telle action de la machine est chose évidemment impossible, et le passage du convoi sur le plan incliné n'a pu avoir lieu que par l'effet combiné du maximum d'effort de la machine, et de la vitesse acquise dans la descente en pente d'un millimètre, qui précède la forte montée. Mais un tel résultat ne peut s'obtenir que pour un temps très-court, et après la durée du passage de cette montée, qui est de 5 à 6 minutes, la force vive acquise par la rapidité de la descente serait entièrement détruite, et le convoi nécessairement arrêté, si le chemin ne devenait alors horizontal. Ce résultat ne s'obtiendrait pas avec les machines spéciales, qui ne peuvent pas augmenter leur effort de traction par la diminution de leur vitesse.

Il faut, de plus, considérer que le grand accroissement de vitesse nécessaire pour accumuler la force vive, qui seule peut faire passer le convoi, est une chose très-nuisible à la conservation des machines et du chemin, puisque les causes de détérioration augmentent pour la plupart en raison du carré de vitesse ; et une administration sage ne permettra jamais à ses agens d'excéder la vitesse de huit lieues.

Il y aura cependant quelques cas où l'on sera obligé d'employer ce moyen de l'accumulation des forces vives, pour franchir un obstacle ; tel, par exemple, que le passage d'un pont dans une plaine, si l'on ne veut pas élever partout la chaussée au niveau supérieur du pont ; mais pour franchir une hauteur de 3 à 4 mètres, avec une pente de 5 millièmes, il ne faudrait que 6 à 800 mètres de longueur de montée, et 70 à 90 secondes avec la vitesse de 8 lieues. Pendant ce temps, la vitesse acquise ne peut pas cesser entièrement ; néanmoins, il ne faut recourir à ce moyen que s'il y a impossibilité de faire autrement.

9 782019 209216